इलेक्ट्रीशियन द्वितीय वर्ष हिंदी MCQ

मनोज डोळे

Made with ♥ on the Notion Press Platform
www.notionpress.com

डिजिटाइजेशन समय की मांग है। भविष्य में, प्रशिक्षण को अधिक सुविधाजनक और आसान बनाने के लिए ऑनलाइन इंटरनेट का उपयोग करके औद्योगिक प्रशिक्षण संस्थानों में प्रशिक्षण आयोजित करने की आवश्यकता होगी। एमसीक्यू प्रश्नों के एक सेट वाली ई-पुस्तकें प्रशिक्षुओं को उपलब्ध कराई जाएंगी क्योंकि उन्हें अपने औद्योगिक प्रशिक्षण संस्थानों में होने वाली ऑनलाइन परीक्षाओं की तैयारी के लिए बहुविकल्पीय प्रश्नों एमसीक्यू के अधिक आदी होने की आवश्यकता है।

इन सब बातों को ध्यान में रखते हुए औद्योगिक प्रशिक्षण संस्थान सतारा के प्रशिक्षक श्री मनोज मधुकर डोले ने नई वार्षिक प्रणाली और एनएसक्यूएफ-5 पाठ्यक्रम के अनुसार पुस्तकें लिखी हैं। और उन्होंने प्रशिक्षण को आसान बनाने के लिए सैद्धांतिक मोबाइल ऐप और ब्लॉग बनाए हैं, और इन सभी शैक्षिक सामग्री को विश्व प्रसिद्ध वेबसाइटों Google Play Store, Amazon और Apple Book Store पर डाउनलोड के लिए उपलब्ध कराया है।

पुस्तकों का प्रकाशन माननीय सहसंचालक श्री राजेंद्र घुमे साहेब प्रादेशिक व्यावसायिक शिक्षण व प्रशिक्षण कार्यालय, पुणे द्वारा दिनांक 9/1/2019 को किया गया, इस समय श्री प्रकाश सहगवकर साहब प्राचार्य शासकीय औद्योगिक प्रशिक्षण संस्थान औंध पुणे, श्री तुकाराम मिसाल साहेब प्राचार्य सरकार प्र. संस्था सतारा, श्री सचिन धूमल साहब जिला व्यावसायिक शिक्षा एवं प्रशिक्षण अधिकारी सतारा, श्री यतिन परगांवकर साहब प्राचार्य शासन. Q. संस्था कोल्हापुर, श्री विकास टेक साहब इंस्पेक्टर वोकेशनल एजुकेशन एंड ट्रेनिंग रीजनल ऑफिस पुणे, पालेकर फूड्स प्रोडक्ट्स प्रा. लि. सतारा के उद्यमी अध्यक्ष श्री नीलकंठराव पालेकर साहब, हीरा फूड्स के अध्यक्ष श्री इब्राहिम बाबा तंबोली साहब, श्रीमती शाल्मली पवार मुख्याध्यापिका शासकीय तकनीकी विद्यालय केंद्र सतारा सहित अन्य गणमान्य व्यक्ति इस अवसर पर उपस्थित थे।

क्रम-सूची

प्रस्तावना

इलेक्ट्रीशियन द्वितीय वर्षहिंदी एमसीक्यू आईटीआई इंजीनियरिंग कोर्स इलेक्ट्रीशियन द्वितीय वर्ष, में एनएसक्यू एफ पाठ्यक्रम के लिए एक सरल पुस्तक है , इसमें रेखांकित और बोल्ड सही उत्तरों के साथ वस्तुनिष्ठ प्रश्न शामिल हैं, जिसमें सभी विषयों को शामिल किया गया है जिसमें विद्युत घूर्णन मशीनों के बारे में सभी शामिल हैं। डीसी मशीन, इंडक्शन मोटर्स, अल्टरनेटर और एमजी सेट और उन पर अभ्यास। प्रशिक्षु विशेषताओं, उनके प्रदर्शन विश्लेषण, स्टार्टिंग, गति नियंत्रण और मशीनों के रोटेशन की दिशा को उलटने का अभ्यास करेंगे। वह समानांतर संचालन और अल्टरनेटर के सिंक्रोनाइज़ेशन पर अभ्यास करेंगे, डीसी मशीन और इंडक्शन मोटर्स के लिए वाइंडिंग अभ्यास और ओवर हॉलिंग का अभ्यास किया जाएगा। ब्रिज रेक्टिफायर के लिए डायोड, इलेक्ट्रॉनिक उपकरणों द्वारा स्विचिंग डिवाइस और एम्पलीफायर, विभिन्न तरंग आकार पीढ़ी और सीआरओ द्वारा परीक्षण। कंट्रोल कैबिनेट को डिजाइन करना, कंट्रोल एलिमेंट्स को असेंबल करना और उनकी वायरिंग का अभ्यास करना है। इलेक्ट्रॉनिक नियंत्रक द्वारा एसी/डीसी मोटरों के गति नियंत्रण का अभ्यास किया जाएगा। प्रशिक्षु वोल्टेज स्टेबलाइजर, इमरजेंसी लाइट, बैटरी चार्जर, यूपीएस और इन्वर्टर के परीक्षण, विश्लेषण और मरम्मत का अभ्यास करेंगे। वह थर्मल, हाइडल, सौर और पवन ऊर्जा प्रणालियों का ज्ञान प्राप्त करेगा। वितरण प्रणाली, घरेलू सेवा लाइन और सहायक उपकरण और रिले और सर्किट ब्रेकर पर अभ्यास करके उनकी सुरक्षा और बहुत कुछ।

हम प्रत्येक नए संस्करण के साथ नए प्रश्न उत्तर जोड़ते हैं। किसी भी त्रुटि/चूक के मामले में कृपया हमें ईमेल करें। यह यकीनन सभी इंजीनियरिंग बहुविकल्पीय प्रश्नों और उत्तरों के लिए सबसे बड़ी और सर्वश्रेष्ठ पुस्तक है।

एक छात्र के रूप में आप इसे अपनी परीक्षा की तैयारी के लिए उपयोग कर सकते हैं। यह ई-पुस्तक प्रोफेसरों के लिए सामग्री को ताज़ा करने के लिए भी उपयोगी है।

भूमिका

डीजीईटी नई दिल्ली और सीएसटीएआरआई कोलकाता अगस्त 2018 सत्र से आईटीआई में सभी व्यवसायों के लिए एक वार्षिक पैटर्न लागू कर रहे हैं। परीक्षा प्रणाली में भी बदलाव किया जाएगा और यह इस साल से ऑनलाइन हो जाएगी और चूंकि सभी प्रश्न वस्तुनिष्ठ प्रकार (एमसीक्यू) के हैं, इसलिए प्रशिक्षुओं को गहन अध्ययन की सख्त जरूरत है। इसे ध्यान में रखते हुए हमें पुराने NIMI पैटर्न पर आधारित पुस्तकें और नए वार्षिक पैटर्न का संपूर्ण अवलोकन प्रस्तुत करते हुए प्रसन्नता हो रही है, और हम आशा करते हैं कि ये पुस्तकें सभी व्यावसायिक निदेशकों और प्रशिक्षुओं के लिए एक मार्गदर्शक होंगी। है।

इन पुस्तकों को लिखने के लिए आईटीआई अकलुज के प्राचार्य जोहर अवाटे साहब ने कहा। आईटीआई सतारा सहगवकर साहब के पूर्व प्राचार्य, सहायक निदेशक श्री चंद्रकांत ढेकने साहेब क्षेत्रीय व्यावसायिक शिक्षा एवं प्रशिक्षण कार्यालय, पुणे, जिला व्यावसायिक शिक्षा एवं प्रशिक्षण अधिकारी सचिन धूमल साहेब एवं प्रधानाध्यापक शासकीय तकनीकी विद्यालय केन्द्र शाल्मली पवार मैडम एवं पुत्र अधिराज डोले, माता कुसुम डोले , मैं अपने पिता मधुकर डोले और पत्नी अश्विनी डोले को समय-समय पर उनके विशेष मार्गदर्शन और सहयोग के लिए बहुत आभारी हूं।

साथ ही, बहुत ही कम समय में श्री राजेन्द्र घुमे साहेब, संयुक्त निदेशक, व्यावसायिक शिक्षा और प्रशिक्षण क्षेत्रीय कार्यालय, पुणे द्वारा पुस्तक के प्रकाशन में उनके अमूल्य समय के लिए पुस्तक की समीक्षा की गई। मैं उनकी प्रतिक्रिया के लिए हृदय से आभारी हूँ।

पुस्तक लिखने की शुरुआत से ही निरंतर समर्थन के लिए मैं आईटीआई सतारा के प्रशिक्षक का आभारी हूं।

इस पुस्तक से, मैं खुद को धन्य मानता हूं कि मैंने आपके साथ ई-लर्निंग पर अपने विचार साझा किए। मैं यह दावा नहीं करूंगा कि यह पुस्तक पूर्ण है, क्योंकि पूर्णता को देखते हुए यह पुस्तक एक प्रयास है और अपनी शैशवावस्था में है। यदि उनका परीक्षण और सुझाव दिया जाए तो वे सुधार के लिए मूल्यवान होंगे।

मनोज डोले

दिनांक 9/1/2019

पावती (स्वीकृति)

21वीं सदी में औद्योगिक क्षेत्र में तेजी से बढ़ती मांग के अनुरूप बहु-कुशल कारीगरों की आपूर्ति के लिए व्यावसायिक शिक्षा और प्रशिक्षण विभाग के माध्यम से व्यावसायिक शिक्षा और प्रशिक्षण विभाग के माध्यम से व्यावसायिक शिक्षा और प्रशिक्षण प्रदान किया जाता है। संस्थानों के भीतर सभी व्यवसाय महत्वपूर्ण हैं, क्योंकि इन व्यवसायों के प्रशिक्षु उद्योग की मांगों के अनुसार बहु-कौशल विकसित करते हैं।

सभी व्यवसायों के लिए उपयुक्त एमसीक्यू ई-पुस्तकें उपलब्ध कराने के नेक इरादे से, यह देखते हुए कि औद्योगिक क्षेत्र के सभी उद्योगों में सभी परीक्षाएं ऑनलाइन आयोजित की जाती हैं और इसमें एमसीक्यू पद्धति के प्रश्न शामिल होते हैं। श्री मनोज मधुकर डोले ने नए वार्षिक पाठ्यक्रम के अनुसार एमसीक्यू पद्धति पर एक बहुत अच्छी ई-बुक लिखी है। यह ई-पुस्तक निश्चित रूप से सभी प्रशिक्षुओं, प्रशिक्षु उम्मीदवारों, प्रशिक्षण प्रशिक्षकों और अन्य संबंधितों के लिए एक मार्गदर्शक होगी।

पुस्तक के लेखक श्री मनोज मधुकर डोले, इंस्ट्रक्टर गॉव आईटीआई सतारा को 17 साल का प्रशिक्षण अनुभव है। एक नए वार्षिक पैटर्न के रूप में लिखी गई, यह ई-बुक प्रत्येक विषय के लिए लेआउट, सरल भाषा और सरल सिंटैक्स, आरेख और वीडियो को समझने के लिए आधुनिक डिजिटल क्यूआर कोड तकनीक को शामिल करती है। इसलिए मुझे विश्वास है कि यह ई-पुस्तक निश्चित रूप से गहन अध्ययन और परीक्षा अभ्यास के लिए उपयोगी होगी। उन्होंने जो कार्य किया है वह निश्चित रूप से काबिले तारीफ है।

श्री तुकाराम मिसाल
प्राचार्य शासकीय औद्योगिक प्रशिक्षण संस्था सातारा.

आमुख

हमारे औद्योगिक प्रशिक्षण संस्थानों की औद्योगिक प्रशिक्षण और सैद्धांतिक परीक्षा प्रणाली और इन परिवर्तनों को शिल्प प्रशिक्षकों और प्रशिक्षुओं द्वारा स्वीकार किया गया है। आपके औद्योगिक प्रशिक्षण संस्थानों में आयोजित सैद्धांतिक परीक्षाएं भी ऑनलाइन आयोजित की जाती हैं। चूंकि ये परीक्षाएं बहुविकल्पीय एमसीक्यू पद्धति की हैं, इसलिए प्रशिक्षुओं को ऐसे प्रश्नों का अधिक अभ्यास करने की आवश्यकता होगी।

इन सब बातों को ध्यान में रखते हुए श्री मनोज मधुकर, निदेशक, डोले क्राफ्ट्स, कटारी औद्योगिक प्रशिक्षण संस्थान, सतारा, ने नई वार्षिक प्रणाली और NSQF-5 के अनुसार, गहन अध्ययन किया है और अपनी मेहनत से और अपनी गहरी बुद्धि को जोड़ा है। पाठ्यक्रम, कटारी और अन्य मशीन ट्रेडों की ई-बुक। -बुक) और उन्होंने प्रशिक्षण को आसान बनाने के लिए सैद्धांतिक विषयों पर मोबाइल ऐप और ब्लॉग बनाए हैं और इन सभी शैक्षिक सामग्री को विश्व प्रसिद्ध वेबसाइटों Google Play Store, Amazon और Apple Book Store पर डाउनलोड के लिए उपलब्ध कराया है। प्रिंट संस्करण बनाकर और क्यूआर कोड जैसी उन्नत तकनीकों का उपयोग करके प्रशिक्षण को आसान बना दिया गया है।

ये सभी शैक्षिक सामग्री निश्चित रूप से सभी प्रशिक्षुओं के लिए गहन अध्ययन के लिए और शिल्प प्रशिक्षकों और अन्य संबंधितों के लिए एक मार्गदर्शक होगी जो व्यावसायिक प्रशिक्षण प्रदान कर रहे हैं।

1

इलेक्ट्रीशियन द्वितीय वर्ष QR Code Images

Download App
Online Test Exam
ITI Books
AutoCAD CAM
JOB & Apprentice
Online Theory
Computer Course
Trading Course
CNC Course
MSCIT Course
Shopping Business
Internet Business
Web Designing
Online Services
Top Sportsmans
Indian Army
Freedom Fighters
Top Scientists
Social Reformers
Motivational Speaker
Top Richest People
Join WhatsApp Group
Join Facebook Group
Like Facebook Page
PAN / Adhar / Licence
Passport

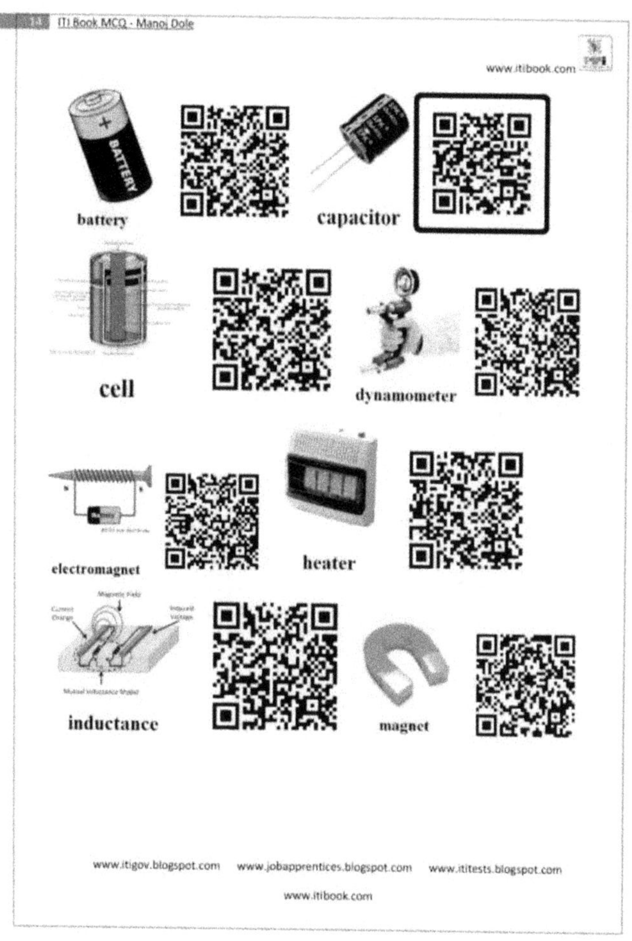
ITI Book MCQ - Manoj Dole
www.itibook.com
battery
capacitor
cell
dynamometer
electromagnet
heater
inductance
magnet
www.itigov.blogspot.com
www.jobapprentices.blogspot.com
www.ititests.blogspot.com
www.itibook.com

35 ITI Book MCQ - Manoj Dole
www.itibook.com
megger
motor
multimeter
ohmmeter
resistores
star connected alternator
voltmeter ammeter
wattmeter
www.itigov.blogspot.com www.jobapprentices.blogspot.com www.ititests.blogspot.com
www.itibook.com

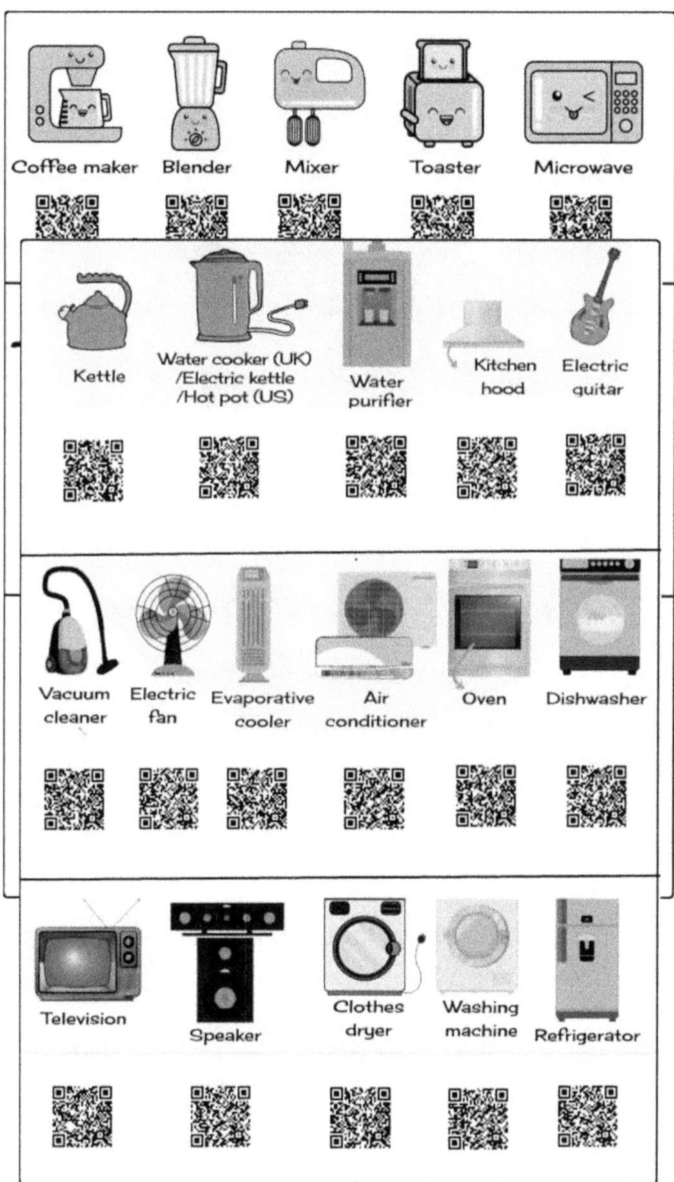
Coffee maker
Blender
Mixer
Toaster
Microwave
Kettle
Water cooker (UK)
/Electric kettle
/Hot pot (US)
Water
purifier
Kitchen
hood
Electric
guitar
Vacuum
cleaner
Electric
fan
Evaporative
cooler
Air
conditioner
Oven
Dishwasher
Television
Speaker
Clothes
dryer
Washing
machine
Refrigerator

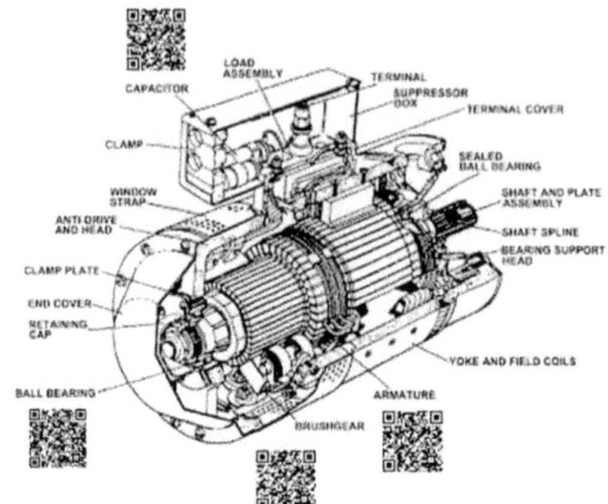

Electrical Generator

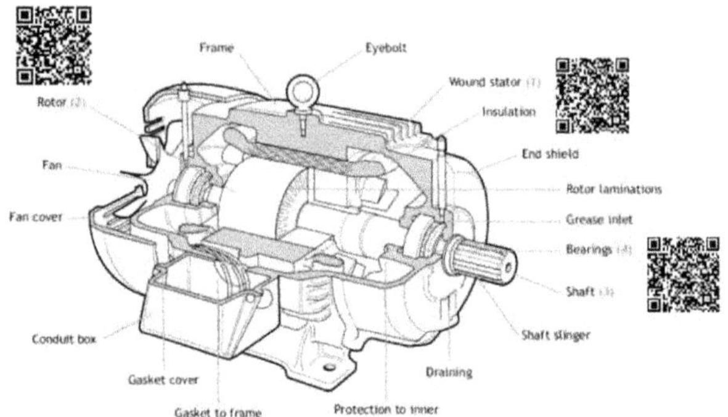

Electrical Induction Motor

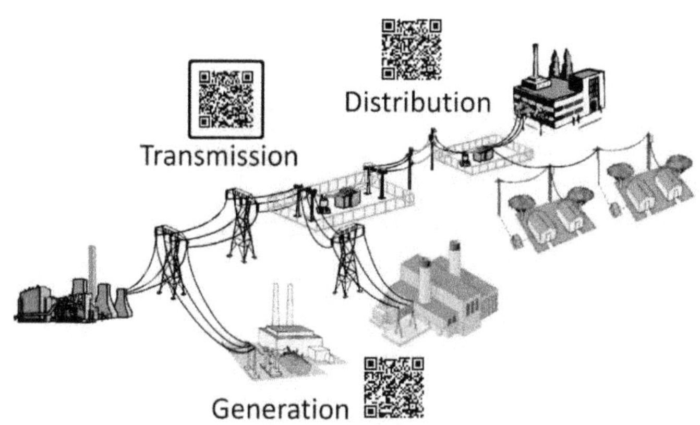

Electrical Power Distribution

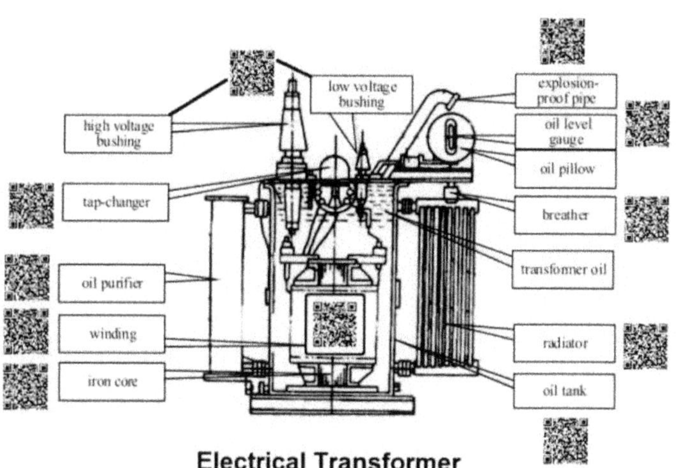

Electrical Transformer

2

इलेक्ट्रीशियन द्वितीय वर्ष हिंदी MCQ

1. कोर के टुकड़े आम तौर पर बने होते हैं

(ए) केस आयरन

(बी) कार्बन

(सी) सिलिकॉनस्टील

(डी) स्टेनलेस स्टील

2. निम्नलिखित में से कौन लैमिना हो सकता है - डीसी मशीन के लेमिनेशन की मोटाई लगभग?

(ए) 0.005 मिमी

(बी) 0.05 मिमी

(सी) 0.5 एम

(डी) 5 एम

3. डीसी जनरेटर के आर्मेचर को लेमिनेट किया जाता है

(ए) थोक को कम करें

(बी) थोक प्रदान करें

(सी) कोर को इन्सुलेट करें

(डी) एड़ीवर्तमाननुकसानकोकमकरें

4. आर्मेचर वाइंडिंग का प्रतिरोध निर्भर करता है

(ए) कंडक्टर की लंबाई

(बी) कंडक्टर के पार-अनुभागीय क्षेत्र

(सी) कंडक्टरों की संख्या

(डी) उपरोक्तसभी

5. डीसी जनरेटर के फील्ड कॉइल आमतौर पर बने होते हैं

(ए) अभ्रक

(बी) <u>तांबा</u>

(सी) कच्चा लोहा

(डी) कार्बन

6. कम्यूटेटर खंड आर्मेचर कंडक्टरों से किसके माध्यम से जुड़े होते हैं?

(ए) <u>कॉपरलग्स</u>

(बी) प्रतिरोध तार

(सी) इन्सुलेशन पैड

(डी) टांकना

7. एक कम्यूटेटर में

(ए) तांबा अभ्रक से कठिन है

(बी) अभ्रक और तांबा समान रूप से कठोर हैं

(सी) <u>अभ्रकतांबेकीतुलनामेंकठिनहै</u>

(डी) उपरोक्त में से कोई नहीं

8. डीसी जेनरेटर में पोल शूज को पोल कोर से बांधा जाता है

(ए) रिवेट्स

(बी) <u>काउंटरडूबशिकंजा</u>

(सी) टांकना

(डी) वेल्डिंग

9. प्रेरित ईएमएफ की दिशा खोजने के लिए फ्लेमिंग के दाहिने हाथ के नियम के अनुसार, जब मध्यमा उंगली प्रेरित ईएमएफ की दिशा में इंगित करती है, तो तर्जनी किस दिशा में इंगित करेगी

(ए) कंडक्टर की गति

(बी) <u>बलकीरेखाएं</u>

(सी) उपरोक्त में से कोई भी

(डी) उपरोक्त में से कोई नहीं

10. प्रेरित ईएमएफ की दिशा के संबंध में फ्लेमिंग का दाहिना हाथ नियम, सहसंबंधित करता है

(ए) चुंबकीय प्रवाह, वर्तमान प्रवाह की दिशा और परिणामी बल

(बी) <u>चुंबकीयप्रवाह, गतिकीदिशाऔरप्रेरितईएमएफकीदिशा</u>

(सी) चुंबकीय क्षेत्र की ताकत, प्रेरित वोल्टेज और वर्तमान

(डी) चुंबकीय प्रवाह, बल की दिशा और कंडक्टर की गति की दिशा

11. फ्लेमिंग के दाहिने हाथ के नियम को और प्रेरित विद्युत वाहक बल की दिशा पर लागू करते समय, अंगूठा किस ओर इंगित करता है?

(ए) प्रेरित ईएमएफ की दिशा

(बी) प्रवाह की दिशा

(सी) कंडक्टर की गति की दिशा यदि तर्जनी उत्पन्न ईएमएफ की दिशा में इंगित करती है

(डी) कंडक्टरकीगतिकीदिशा, यदितर्जनीप्रवाहकीरेखाओंकेसाथइंगितकरतीहै

12. रोटर शाफ्ट का समर्थन करने के लिए उपयोग की जाने वाली बीयरिंग आम तौर पर होती हैं

(ए) बॉलबेयरिंग

(बी) बुश बीयरिंग

(सी) चुंबकीय भालू

(डी) सुई बीयरिंग

13. डीसी जनरेटर में, तेजी से ब्रश पहनने का कारण हो सकता है

(ए) गंभीर स्पार्किंग

(बी) किसी न किसी कम्यूटेटर सतह

(सी) अपूर्ण संपर्क

(डी) उपरोक्तमेंसेकोईभी

14. लैप वाइंडिंग में ब्रशों की संख्या हमेशा होती है

(ए) ध्रुवों की संख्या दोगुनी

(बी) ध्रुवोंकीसंख्याकेसमान

(सी) ध्रुवों की आधी संख्या

(डी) दो

15. एक डीसी जनरेटर के लिए जब पोल की संख्या और आर्मेचर कंडक्टर की संख्या तय हो जाती है, तो कौन सी वाइंडिंग उच्च ईएमएफ देगी?

(ए) गोद घुमावदार

(बी) वेववाइंडिंग

(सी) उपरोक्त (ए) और (बी) में से कोई भी

(डी) डिजाइन की अन्य विशेषताओं पर निर्भर करता है

16. चार-पोल डीसी मशीन में

(ए) सभी चार ध्रुव उत्तरी ध्रुव हैं

(बी) वैकल्पिकध्रुवउत्तरऔरदक्षिणहैं

(सी) सभी चार ध्रुव दक्षिणी ध्रुव हैं

(डी) दो उत्तरी ध्रुव दो दक्षिणी ध्रुवों का पालन करते हैं

17. DC मशीन में कॉपर ब्रश का प्रयोग किया जाता है

(ए) जहांकमवोल्टेजऔरउच्चधाराएंशामिलहैं

(बी) जहां उच्च वोल्टेज और छोटे करंट शामिल हैं
(सी) उपरोक्त दोनों मामलों में
(डी) उपरोक्त मामलों में से कोई नहीं
18. स्व-उत्तेजित जनरेटर की तुलना में एक अलग से उत्साहित जनरेटर
(ए) बेहतर वोल्टेज नियंत्रण के लिए उत्तरदायी है
(बी) अधिक स्थिर है
(सी) लोड वर्तमान से स्वतंत्र रोमांचक वर्तमान है
(डी) उपरोक्तसभीविशेषताएंहैं
19. डीसी मशीनों के मामले में, यांत्रिक नुकसान प्राथमिक कार्य हैं
(एक लहर
(बी) वोल्टेज
(सी) गति
(डी) उपरोक्त में से कोई नहीं
20. एक डीसी मशीन में लोहे की हानि भिन्नता से स्वतंत्र होती है
(ए) गति
(बी) लोड
(सी) वोल्टेज
(डी) गति और वोल्टेज
21. डीसी जनरेटर में आर्मेचर से बाहरी सर्किट को करंट दिया जाता है
(ए) कम्यूटेटर
(बी) ठोस कनेक्शन
(सी) पर्ची के छल्ले
(डी) उपरोक्त में से कोई नहीं
23. DC मशीनों के ब्रश किसके बने होते हैं?
(ए) कार्बन
(बी) नरम तांबा
(सी) कठोर तांबा
(डी) उपरोक्त सभी
24. यदि B फ्लक्स घनत्व है, I कंडक्टर की लंबाई और v का वेग है
कंडक्टर, फिर प्रेरित ईएमएफ द्वारा दिया जाता है
(ए) ब्लाव
(बी)बीएलवी2
(सी) BL2v
(डी) BL2v2

25. एक 4-पोल डीसी जनरेटर के मामले में सोलह कॉइल के साथ दो लेयर लैप वाइंडिंग के साथ, पोल पिच होगा

(ए) 4

(बी) 8

(सी) 16

(डी) 32

26. कम्यूटेटर ब्रश के लिए सामग्री आम तौर पर होती है

(ए) अभ्रक

(बी) तांबा

(सी) कच्चा लोहा

(डी) कार्बन

27. कम्यूटेटर खंडों के बीच प्रयुक्त इन्सुलेट सामग्री सामान्य रूप से होती है

(ए) ग्रेफाइट

(बी) कागज

(सी) अभ्रक

(डी) इन्सुलेट वार्निश

28. डीसी जनरेटर में, कम्यूटेटर पर ब्रश कंडक्टर के संपर्क में रहते हैं जो

(ए) दक्षिणी ध्रुव के नीचे स्थित है

(बी) उत्तरी ध्रुव के नीचे स्थित है

(सी) इंटरपोलरक्षेत्रकेअंतर्गतस्थितहै

(डी) ध्रुवों से सबसे दूर हैं

29. यदि इन ब्रशों को अंदर लाने के लिए डीसी जनरेटर के ब्रशों को स्थानांतरित किया जाता है

चुंबकीय तटस्थ अक्ष, होगा

(ए) केवल विमुद्रीकरण

(बी) क्रॉस मैग्नेटाइजेशन के साथ-साथ मैग्नेटाइजेशन

(सी) क्रॉसमैग्नेटाइजेशनकेसाथ-साथडिमैग्नेटाइजिंग

(डी) केवल क्रॉस चुंबकीयकरण

30. एक असंतृप्त डीसी मशीन की आर्मेचर प्रतिक्रिया है

(ए) क्रॉसमैग्नेटाइजिंग

(बी) demagnetizing

(सी) चुंबकीय

(डी) उपरोक्त में से कोई नहीं

31. डीसी जनरेटर बसबारों से जुड़े होते हैं या केवल फ्लोटिंग स्थिति के तहत उनसे डिस्कनेक्ट होते हैं

(ए) प्राइममूवर के अचानक लोड होने से बचने के लिए

(बी) शाफ्ट को यांत्रिक झटके से बचने के लिए

(सी) स्विच संपर्कों को जलाने से बचने के लिए

(डी) उपरोक्तसभी

32. डीसी मशीन के पोल जूतों में एडी धाराएं प्रेरित होती हैं

(ए) चुंबकीय क्षेत्र दोलन

(बी) चुंबकीय प्रवाह को स्पंदित करना

(सी) क्षेत्रऔरआर्मेचरकेबीचसापेक्षरोटेशन

(डी) उपरोक्त सभी

34. आर्मेचर के मामले में इक्विलाइज़र रिंग की आवश्यकता होती है

(ए) लहर घाव

(बी) गोदघाव

(सी) डेल्टा घाव

(डी) डुप्लेक्स घाव

35. वेल्डिंग जनरेटर होगा

(ए) गोदघुमावदार

(बी) तरंग घुमावदार

(सी) डेल्टा घुमावदार

(डी) डुप्लेक्स वेव वाइंडिंग

36. डीसी मशीन वाइंडिंग के मामले में, कम्यूटेटर सेगमेंट की संख्या बराबर है

(ए) आर्मेचरकॉइल्सकीसंख्या

(बी) आर्मेचर कॉइल पक्षों की संख्या

(सी) आर्मेचर कंडक्टर की संख्या

(डी) आर्मेचर घुमावों की संख्या

37. डीसी मशीन प्रयोगशाला के लिए निम्नलिखित प्रकार की डीसी आपूर्ति उपयुक्त होगी:

(ए) रोटरी कनवर्टर

(बी) पारा दिष्टकारी हैं

(सी) प्रेरणमोटरडीसीजनरेटरसेट

(डी) तुल्यकालिक मोटर डीसी जनरेटर सेट

38. DC मशीन में पोल शूज का कार्य है

(ए) चुंबकीय पथ की अनिच्छा को कम करने के लिए

(बी) समान प्रवाह घनत्व प्राप्त करने के लिए प्रवाह को फैलाने के लिए

(सी) फील्ड कॉइल का समर्थन करने के लिए

(डी) उपरोक्तसभीकार्योंकानिर्वहनकरनेकेलिए

उत्तर: डी

39. लैप वाइंडिंग के मामले में परिणामी पिच है

(ए) आगे और पीछे की पिचों का गुणन

(बी) पीछे की पिच द्वारा सामने की पिच का विभाजन

(सी) आगे और पीछे की पिचों का योग

(डी) आगेऔरपीछेकीपिचोंकाअंतर

40. एक डीसी वेल्डिंग जनरेटर है

(ए) गोदघुमावदार

(बी) तरंग चलती

(सी) डुप्लेक्स घुमावदार

(डी) उपरोक्त में से कोई भी

41. डीसी जनरेटर के बारे में निम्नलिखित में से कौन सा कथन गलत है?

(ए) डीसी मशीन में घुमावदार मुआवजा कम्यूटेशन में मदद करता है

(बी) डीसी जनरेटर में इंटरपोल वाइंडिंग को आर्मेचर वाइंडिंग के साथ श्रृंखला में जोड़ा जाता है

(सी) पिछली पिच और सामने की पिच दोनों विषम और लगभग ध्रुव पिच के बराबर हैं

(डी) डीसीशंटजनरेटरकेसमानांतरचलनेकेसाथइक्विलाइजिंगबसबारकाउपयोगकियाजाताहै

42. डीसी जनरेटर में आर्मेचर प्रतिक्रिया का विचुंबकीय घटक

(ए) जनरेटरईएमएफकोकमकरताहै

(बी) आर्मेचर गति बढ़ाता है

(सी) इंटरपोल फ्लक्स घनत्व कम कर देता है

(डी) स्पार्किंग परेशानी में परिणाम

43. डीसी जनरेटर में चुंबकीय क्षेत्र किसके द्वारा उत्पादित किया जाता है

(ए) विद्युतचुंबक

(बी) स्थायी चुंबक

(सी) दोनों (ए) और (बी)

(डी) उपरोक्त में से कोई नहीं

44. कम्यूटेटर में ब्रशों की संख्या निर्भर करती है

(ए) आर्मेचर की गति

(बी) घुमावदार का प्रकार

(सी) वोल्टेज

(डी) एकत्रकीजानेवालीवर्तमानकीराशि

45. डीसी जनरेटर में क्षतिपूर्ति वाइंडिंग का उपयोग किया जाता है

(ए) मुख्य रूप से स्थानीय शॉर्ट-सर्किट प्रदान करके एड़ी धाराओं को कम करने के लिए

(बी) ठंडी हवा के संचलन के लिए मार्ग प्रदान करने के लिए

(सी) आर्मेचरप्रतिक्रियाकेक्रॉस-चुंबकीयप्रभावकोबेअसरकरनेकेलिए

(डी) उपरोक्त में से कोई नहीं

46. डीसी के निम्नलिखित में से कौन सा घटक, जनरेटर के लिए महत्वपूर्ण भूमिका निभाता है

एक डीसी जनरेटर की प्रत्यक्ष धारा प्रदान करना?

(ए) डमी कॉइल

(बी) कम्यूटेटर

(सी) आई बोल्ट

(डी) इक्विलाइज़र के छल्ले

47. एक डीसी जनरेटर में उत्पन्न प्रत्यक्ष ईएमएफ में तरंगों को कम किया जाता है

(ए) एनील्ड कॉपर के कंडक्टर का उपयोग करना

(बी) बड़ी संख्या में खंडों के साथ कम्यूटेटर का उपयोग करना

(सी) बेहतरगुणवत्ताकेकार्बनब्रशकाउपयोगकरना

(डी) इक्विलाइज़र के छल्ले का उपयोग करना

48. DC जनित्रों में लैप वाइंडिंग का प्रयोग किसके लिए किया जाता है?

(ए) उच्च वोल्टेज, उच्च वर्तमान

(बी) कमवोल्टेज, उच्चवर्तमान

(सी) उच्च वोल्टेज, कम वर्तमान

(डी) कम वोल्टेज, कम वर्तमान

49. दो जनरेटर A और B में प्रत्येक में 6-पोल हैं। जेनरेटर ए में वेव वाउंड आर्मेचर है जबकि जेनरेटर बी में लैप वाउंड आर्मेचर है। प्रेरित ईएमएफ का अनुपात जनरेटर ए और बी होगा

(ए) 2: 3

(बी) 3: 1

(सी) 3: 2

(डी) 1: 3

50. निम्न में से किस प्रकार के ब्रश के लिए वोल्टेज ड्रॉप कम से कम होने की उम्मीद की जा सकती है?

(ए) ग्रेफाइट ब्रश

(बी) कार्बन ब्रश

(सी) धातुग्रेफाइटब्रश

(डी) उपरोक्त में से कोई नहीं

51. एक शंट घाव डीसी जनरेटर द्वारा उत्पन्न ईएमएफ है ई। अब जबकि पोल फ्लक्स स्थिर रहता है, यदि जनरेटर की गति दोगुनी कर दी जाती है, तो उत्पन्न ईएमएफ होगा

(ए) ई / 2

(बी) 2ई

(सी) ई . से थोड़ा कम

(डे

53. डीसी जनरेटर का आर्मेचर कोर आमतौर पर बना होता है

(ए) सिलिकॉनस्टील

(बी) तांबा

(सी) अलौह सामग्री

(डी) कच्चा लोहा

54. डीसी मशीनों के संतोषजनक कम्यूटेशन की आवश्यकता है

(ए) ब्रश उचित ग्रेड और आकार का होना चाहिए

(बी) धारकों में ब्रश सुचारू रूप से चलना चाहिए

(सी) चिकनी, गाढ़ा कम्यूटेटर ठीक से अंडरकट

(डी) उपरोक्तसभी

54ए. डीसी मशीन का ओपन सर्कुलेटेड आर्मेचर कॉइल है

(ए) कम्यूटेटर सेगमेंट के स्कारिंग द्वारा पहचाना जाता है जिससे ओपन सर्कुलेटेड कॉइल जुड़ा होता है

(बी) पूरी तरह से कम्यूटेटर के चारों ओर एक चिंगारी द्वारा इंगित किया गया

(सी) दोनों (ए) और (बी)

(डी) उपरोक्त में से कोई नहीं

56. दो या दो से अधिक डीसी यौगिक जनरेटर के समानांतर संचालन के लिए, हम सुनिश्चित करना चाहिए कि

(ए) आने वाले जनरेटर का वोल्टेज बस बार के समान होना चाहिए

(बी) आने वाले जनरेटर की ध्रुवीयता बस बार के समान होनी चाहिए

(सी) सभी श्रृंखला क्षेत्रों को इक्विलाइज़र कनेक्शन के माध्यम से समानांतर में चलाया जाना चाहिए

(डी)
सभीजनरेटरकेश्रृंखलाक्षेत्रयातोसकारात्मकपक्षयाआर्मेचरकेनकारात्मकपक्षपरहोनेचाहिए

57. डीसी श्रृंखला जनरेटर का उपयोग किया जाता है

(ए) कर्षण लोड की आपूर्ति करने के लिए

(बी) निरंतर वोल्टेज पर औद्योगिक भार की आपूर्ति करने के लिए

(सी) फीडरकेटॉडएंडपरवोल्टेज

(डी) उपरोक्त किसी भी उद्देश्य के लिए नहीं

58. निम्नलिखित डीसी जनरेटर ध्रुवों में किसी भी अवशिष्ट चुंबकत्व के बिना निर्माण करने की स्थिति में होंगे

(ए) श्रृंखला जनरेटर

(बी) शंट जनरेटर

(सी) यौगिक जनरेटर

(डी) स्वयंउत्साहितजनरेटर

59. इंटरपोल फ्लक्स पर्याप्त होना चाहिए

(ए) कम्यूटेटिंग स्व-प्रेरित ईएमएफ को बेअसर करना

(बी) आर्मेचर प्रतिक्रिया प्रवाह को बेअसर करना

(सी)
कॉइलमेंप्रेरितआर्मेचररिएक्शनफ्लक्सऔरसाथहीकम्यूटेटिंगईएमएफदोनोंकोबेअसरकरताहै

(डी) उपरोक्त में से कोई भी कार्य नहीं करता है

60. आम तौर पर ऑटोमोबाइल बैटरी चार्ज करने के लिए डीसी जनरेटर को प्राथमिकता दी जाती है

(ए) श्रृंखला जनरेटर

(बी) शंट जनरेटर

(सी) लंबेशंटयौगिकजनरेटर

(डी) उपरोक्त में से कोई भी

61. एक डीसी जनरेटर में यांत्रिक डिग्री और विद्युत डिग्री की संख्या समान होगी जब

(ए) आरपीएम 300 . से अधिक है

(बी) आरपीएम 300 . से कम है

(सी) ध्रुवों की संख्या 4 . है

(डी) ध्रुवोंकीसंख्या 2 . है

62. Permeance का व्युत्क्रम है

(ए) प्रवाह घनत्व

(बी) अनिच्छा

(सी) एम्पीयर-मोड़

(डी) प्रतिरोध

63. डीसी जनरेटर में इंटरपोल की ध्रुवीयता

(ए) आगेमुख्यध्रुवकेसमानहै

(बी) ठीक पूर्ववर्ती ध्रुव के समान है

(सी) आगे मुख्य ध्रुव के विपरीत है

(डी) तटस्थ है क्योंकि ये ध्रुव ईएमएफ उत्पन्न करने में भाग नहीं लेते हैं

64. डीसी जनरेटर में उत्पन्न ईएमएफ सीधे आनुपातिक है

(ए) प्रवाह / ध्रुव

(बी) आर्मेचरकीगति

(सी) ध्रुवों की संख्या

(D। उपरोक्त सभी

65. एक डीसी जनरेटर में चुंबकीय तटस्थ अक्ष ज्यामितीय तटस्थ अक्ष के साथ मेल खाता है, जब

(ए) परकोईभारनहींहै|वहजनरेटर

(बी) जनरेटर पूर्ण भार पर चलता है

(सी) जनरेटर ओवरलोड पर चलता है

(डी) जनरेटर डिजाइन गति पर चलता है

66. ब्रश पर स्पार्किंग को कम करने के लिए एक डीसी जनरेटर में, कॉइल में स्व-प्रेरित ईएमएफ को निम्नलिखित में से सभी को छोड़कर बेअसर कर दिया जाता है

(ए) इंटरपोल

(बी) डमीकॉइल्स

(सी) घुमावदार क्षतिपूर्ति

(डी) ब्रश की धुरी का स्थानांतरण

67. डीसी जनरेटर में नो-लोड पर, अंतरिक्ष में एयर गैप फ्लक्स वितरण है

(ए) साइनसोइडल

(बी) त्रिकोणीय

(सी) स्पंदन

(डी) फ्लैटटॉप

68. 1000 आरपीएम पर चलने वाले एक शंट जनरेटर ने 200 वी के रूप में ईएमएफ उत्पन्न किया है। यदि गति 1200 आरपीएम तक बढ़ जाती है, तो उत्पन्न ईएमएफ लगभग होगा

(ए) 150 वी

(बी) 175 वी

(सी) 240 वी

(डी) 290 वी

69. एक जनरेटर में डमी कॉइल प्रदान करने का उद्देश्य है

(ए) एड़ी के मौजूदा नुकसान को कम करने के लिए

(बी) प्रवाह घनत्व बढ़ाने के लिए

(सी) वोल्टेज बढ़ाना

(डी) रोटरकेलिएयांत्रिकसंतुलनप्रदानकरनेकेलिए

1. निम्नलिखित में से किस मोटर की नो-लोड गति उच्चतम होगी?

(ए) शंट मोटर

(बी) सीरीजमोटर

(सी) संचयी यौगिक मोटर

(डी) यौगिक मोटर को अलग करें

2. डीसी श्रृंखला मोटर के घूर्णन की दिशा को किसके द्वारा बदला जा सकता है

(ए) आपूर्ति टर्मिनलों का आदान-प्रदान

(बी) फील्डटर्मिनलोंकाआदान-प्रदान

(सी) उपरोक्त (ए) और (बी) में से कोई भी

(डी) उपरोक्त में से कोई नहीं

3. निम्नलिखित में से किस एप्लिकेशन को उच्च प्रारंभिक टोक़ की आवश्यकता होती है?

(ए) खराद मशीन

(बी) केन्द्रापसारक पम्प

(सी) लोकोमोटिव

(डी) एयर ब्लोअर

4. यदि कन्वेयर के लिए एक डीसी मोटर का चयन किया जाना है, तो कौन सा दंगा पसंद किया जाएगा?

(ए) सीरीजमोटर

(बी) शंट मोटर

(सी) डिफरेंशियल कंपाउंड मोटर

(डी) संचयी यौगिक मोटर

5. मशीन टूल्स के लिए कौन सी डीसी मोटर को प्राथमिकता दी जाएगी?

(ए) सीरीज मोटर

(बी) शंटमोटर

(सी) संचयी यौगिक मोटर

(डी) डिफरेंशियल कंपाउंड मोटर

6. डिफरेंशियल कंपाउंड डीसी मोटर्स को आवश्यक एप्लिकेशन मिल सकते हैं

(ए) उच्च प्रारंभिक टोक़

(बी) कमप्रारंभिकटोक़

(सी) परिवर्तनीय गति

(डी) लगातार ऑन-ऑफ चक्र

7. लिफ्ट के लिए कौन सी डीसी मोटर पसंद की जाती है?

(ए) शंट मोटर

(बी) सीरीज मोटर

(सी) डिफरेंशियल कंपाउंड मोटर

(डी) संचयीयौगिकमोटर

8. फ्लेमिंग के बाएं हाथ के नियम के अनुसार, जब तर्जनी क्षेत्र या प्रवाह की दिशा में इंगित करती है, तो मध्यमा उंगली किस दिशा में इंगित करेगी

(ए) कंडक्टरमेंवर्तमानकंडक्टरके aovtaat

(सी) कंडक्टर पर परिणामी बल

(डी) उपरोक्त में से कोई नहीं

9. यदि मोटर के चलने के दौरान डीसी शंट मोटर का क्षेत्र खुल जाता है

(ए) मोटर की गति% कम हो जाएगी

(बी) आर्मेचर करंट कम हो जाएगा

(सी) मोटरखतरनाकरूपसेउच्चगतिप्राप्तकरेगा 1

(डी) मोटर निरंतर गति को जारी रखेगा

10. डीसी मोटर्स के साथ स्टार्टर्स का उपयोग किया जाता है क्योंकि

(ए) इन मोटरों में उच्च प्रारंभिक टोक़ है

(बी) ये मोटर स्वयं शुरू नहीं कर रहे हैं

(सी) इन मोटरों का बैक ईएमएफ शुरू में शून्य है

(डी)
आर्मेचरकरंटकोप्रतिबंधितकरनेकेलिएक्योंकिस्टार्टकरतेसमयकोईबैकईएमएफनहींहोताहै

11. डीसी शंट मोटर्स में लोड कम होने पर

(ए) गति अचानक बढ़ जाएगी

(बी) भार में कमी के अनुपात में गति में वृद्धि होगी

(सी) गतिलगभग / स्थिररहेगी

(डी) गति कम हो जाएगी

12. एक डीसी श्रृंखला मोटर वह है जो

(ए) इसकीफील्डवाइंडिंगहैजिसमेंमोटेतारऔरकममोड़होतेहैं

(बी) एक खराब टोक़ है

(सी) बिना लोड के आसानी से शुरू किया जा सकता है

(डी) लगभग स्थिर गति है

13. डीसी मोटर शुरू करने के लिए स्टार्टर की आवश्यकता होती है क्योंकि

(ए) यह मोटर की गति को सीमित करता है

(बी) <u>यहप्रारंभिकधाराकोएकसुरक्षितमूल्यतकसीमितकरताहै</u>

(सी) यह मोटर शुरू करता है

(डी) उपरोक्त में से कोई नहीं

14. कतरनी और घूंसे के लिए प्रयुक्त डीसी मोटर का प्रकार है

(ए) शंट मोटर

(बी) श्रृंखला मोटर

(सी) डिफरेंशियल कंप्यूटिड डीसी मोटर

(डी) <u>संचयीयौगिकडीसीमोटर</u>

15. यदि डीसी मोटर को एसी आपूर्ति से जोड़ा जाता है तो यह होगा

(ए) सामान्य गति से दौड़ें

(बी) नहीं भागो

(सी) कम गति से दौड़ें

(डी) <u>.eddy धाराओंद्वाराघुमावदारक्षेत्रमेंउत्पन्नगर्मीकेकारणजलताहै</u>

16. डीसी की गति प्राप्त करने के लिए विद्युत ऊर्जा की बर्बादी के बिना सामान्य से नीचे की मोटर का उपयोग किया जाता है।

(ए) <u>वार्डलियोनार्डनियंत्रण</u>

(बी) रिओस्टेटिक नियंत्रण

(सी) उपरोक्त विधि में से कोई भी

(डी) उपरोक्त विधि में से कोई नहीं

17. जब दो डीसी श्रृंखला मोटर समानांतर में जुड़े होते हैं, तो परिणामी गति होती है

(ए) सामान्य गति से अधिक

(बी) सामान्य गति से नुकसान

(सी) <u>सामान्यगति</u>

(डी) शून्य

18. एक डीसी शंट मोटर की गति उसकी पूर्ण-लोड गति से अधिक प्राप्त की जा सकती है

(ए) <u>क्षेत्रवर्तमानघटाना</u>

(बी) क्षेत्र वर्तमान बढ़ाना

(सी) आर्मेचर वर्तमान घटाना

(डी) आर्मेचर वर्तमान बढ़ाना

19. एक डीसी शंट मोटर में, गति होती है

(ए) <u>आर्मेचरकरंटसेस्वतंत्र</u>

(बी) आर्मेचर धारा के सीधे आनुपातिक

(c) धारा के वर्ग के समानुपाती

(डी) आर्मेचर धारा के व्युत्क्रमानुपाती

20. एक डायरेक्ट ऑन लाइन स्टार्टर का उपयोग किया जाता है: मोटर्स शुरू करने के लिए

(ए) 5 एचपीतक

(बी) 10 एचपी तक

(सी) 15 एचपी तक

(डी) 20 एचपी तक

21. यदि डीसी मोटर का पिछला ईएमएफ अचानक गायब हो जाए तो क्या होगा?

(ए) मोटर बंद हो जाएगी

(बी) मोटर चलती रहेगी

(सी) आर्मेचरजलसकताहै

(डी) मोटर शोर चलेगा

22. डीसी शंट मोटर्स के मामले में गति केवल बैक ईएमएफ पर निर्भर है क्योंकि

(ए) बैक ईएमएफ आर्मेचर ड्रॉप के बराबर है

(बी) आर्मेचर ड्रॉप नगण्य है

(सी) फ्लक्स आर्मेचर करंट के समानुपाती होता है

(डी) डी: सीमेंप्रवाहव्यावहारिकरूपसेस्थिरहै।शंटमोटर्स

23. एक डीसी शंट मोटर में अधिकतम शक्ति की शर्तों के तहत आर्मेचर में करंट होगा

(ए) लगभग नगण्य

(बी) रेटेड फुल-लोड करंट

(सी) पूर्ण लोड वर्तमान से कम

(डी) पूर्णलोडवर्तमानसेअधिक

24. इन दिनों डीसी मोटर्स का व्यापक रूप से उपयोग किया जाता है

(ए) पंपिंग सेट

(बी) एयर कम्प्रेसर

(सी) विद्युतकर्षण

(डी) मशीन की दुकानें

25. मोटर के किस भाग को देखकर यह आसानी से पुष्टि की जा सकती है कि एक विशेष मोटर डीसी मोटर है?

(चौखटा

(बी) दस्ता

(सी) कम्यूटेटर

(डी) स्टेटर

26. निम्नलिखित में से किस अनुप्रयोग में DC श्रृंखला मोटर का निरपवाद रूप से परीक्षण किया जाता है?

(ए) एककारकेलिएस्टार्टर

(बी) पानी पंप के लिए ड्राइव

(सी) फैन मोटर

(डी) एसी या डीसी में मोटर संचालन

27. डीसी मशीनों में भिन्नात्मक पिच वाइंडिंग का उपयोग किया जाता है

(ए) शीतलन में सुधार करने के लिए

(बी) तांबे के नुकसान को कम करने के लिए

(सी) उत्पन्न ईएमएफ को बढ़ाने के लिए

(डी) स्पार्किंगकोकमकरनेकेलिए

28. थ्री पॉइंट स्टार्टर किसके लिए उपयुक्त माना जाता है?

(ए) शंट मोटर्स

(बी) शंटकेसाथ-साथमिश्रितमोटर्स

(सी) शंट, यौगिक और श्रृंखला मोटर

(डी) सभी डीसी मोटर्स

29. मामले में- डीसी मोटर के लिए अधिकतम शक्ति की शर्तें स्थापित की जाती हैं, मोटर की दक्षता होगी

(ए) 100%

(बी) लगभग 90%

(सी) कहीं भी 75% और 90% के बीच

(डी) 50% सेकम

30. आरंभिक आघूर्ण से पूर्ण भार आघूर्ण का अनुपात के मामले में सबसे कम होता है

(ए) श्रृंखला मोटर्स

(बी) शंटमोटर्स

(सी) यौगिक मोटर्स

(डी) उपरोक्त में से कोई नहीं

31. डीसी मोटर में निम्नलिखित में से कौन अधिकतम तापमान वृद्धि को बनाए रख सकता है?

(ए) पर्ची के छल्ले

(बी) कम्यूटेटर

(सी) फील्डघुमावदार

(डी) आर्मेचर वाइंडिंग

33. डीसी मोटर के घूर्णन की दिशा निर्धारित करने के लिए वह निम्नलिखित में से किस नियम/नियम का उपयोग कर सकता है?

(ए) लेनज़ का कानून

(बी) फैराडे का कानून

(सी) कोलंब का कानून

(डी) फ्लेमिंगकेबाएंहाथकानियम

34. निम्नलिखित में से किस लोड को सामान्य रूप से रेटेड टॉर्क से अधिक स्टार्टिंग टॉर्क की आवश्यकता होती है?

(ए) ब्लोअर

(बी) कन्वेयर

(सी) एयर कंप्रेसर

(डी) केन्द्रापसारक पंप

35. एक डीसी मोटर का प्रारंभिक प्रतिरोध आम तौर पर होता है

(ए) कम

(बी) लगभग 500 क्यू

(सी) 1000 क्यू

(डी) असीम रूप से बड़ा

36. डीसी श्रृंखला मोटर की गति है

(ए) आर्मेचर करंट के समानुपाती

(बी) आर्मेचर धारा के वर्ग के समानुपाती

(सी) क्षेत्र वर्तमान के आनुपातिक

(डी) आर्मेचरधाराकेव्युत्क्रमानुपाती

37. डीसी श्रृंखला मोटर में, यदि आर्मेचर धारा 50% कम हो जाती है, तो मोटर का टॉर्क के बराबर होगा

(ए) पिछले मूल्य का 100%

(बी) पिछले मूल्य का 50%

(सी) पिछलेमूल्यका 25%

(डी) पिछले मूल्य का 10%

38. DC मोटर के आर्मेचर द्वारा खींची गई धारा के समानुपाती होती है

(ए) आवश्यकटोक़

(बी) मोटर की गति

(सी) टर्मिनलों में वोल्टेज

(डी) उपरोक्त में से कोई नहीं

39. विद्युत मोटर की नेम प्लेट पर अंकित शक्ति इंगित करती है

(ए) किलोवाट में खींची गई शक्ति

(बी) केवीए में खींची गई शक्ति

(सी) सकल शक्ति

(डी) शाफ्टपरउपलब्धआउटपुटपावर

40. किस डीसी मोटर में अधिकतम सेल्फ लोडिंग प्रॉपर्टी है?

(ए) सीरीज मोटर

(बी) शंट मोटर

(सी) संचयी रूप से मिश्रित 'मोटर'

(डी) डिफरेंशियलकंपाउंडेडमोटर

41. रुक-रुक कर प्रकाश और भारी भार के लिए फ्लाईव्हील के साथ कौन सी डीसी मोटर उपयुक्त होगी?

(ए) सीरीज मोटर

(बी) शंट मोटर

(सी) संचयीरूपसेमिश्रितमोटर

(डी) डिफरेंशियल कंपाउंडेड मोटर

42. यदि एक डीसी शंट मोटर बिना लोड के काम कर रही है और यदि शंट फील्ड सर्किट अचानक खुल जाता है

(ए) मोटर को कुछ नहीं होगा

(बी) यह आर्मेचर को भारी करंट लेने के लिए बना देगा, संभवतः इसे जला देगा

(सी) इसकेपरिणामस्वरूपअत्यधिकगतिहोगी, संभवतःअत्यधिककेन्द्रापसारकतनावकेकारणआर्मेचरकोनष्टकरदेगा

(डी) मोटर बहुत धीमी गति से चलेगी

43. डीसी श्रृंखला मोटर्स का उपयोग किया जाता है

(ए) जहां लोड स्थिर है

(बी) जहां लोड बार-बार बदलता है

(सी) जहां निरंतर संचालन गति की आवश्यकता होती है

(डी) उपरोक्तमेंसेकिसीभीस्थितिमेंनहीं।

44. समान एचपी रेटिंग और पूर्ण लोड गति के लिए, निम्नलिखित मोटर में खराब प्रारंभिक टोक़ है

(ए) शंट

(बी) श्रृंखला

(सी) आंशिकरूपसेमिश्रित

(डी) संचयी रूप से मिश्रित

45. डीसी श्रृंखला मोटर्स के प्रवाहकीय मुआवजे के मामले में, क्षतिपूर्ति घुमावदार प्रदान की जाती है

(ए) अलग से घाव इकाई के रूप में

(6) आर्मेचर वाइंडिंग के साथ समानांतर में

(सी) आर्मेचरवाइंडिंगकेसाथश्रृंखलामें

(डी) फील्ड वाइंडिंग के समानांतर में

46. डीसी मोटर के कम्यूटेटर पर स्पार्किंग का परिणाम हो सकता है

(ए) कम्यूटेटर सेगमेंट को नुकसान

(बी) कम्यूटेटर इन्सुलेशन को नुकसान

(सी) बिजली की खपत में वृद्धि

(डी) उपरोक्तसभी

47. अत्यधिक विस्फोटक वातावरण में संचालन के लिए निम्नलिखित में से कौन सी मोटर पसंद की जाती है?

(ए) सीरीज मोटर

(बी) शंट मोटर

(सी) एयरमोटर

(डी) बैटरी संचालित मोटर

48. यदि डीसी मोटर के लिए आपूर्ति वोल्टेज में वृद्धि की जाती है, तो निम्न में से क्या घटेगा?

(ए) टोक़ शुरू करना

(बी) ऑपरेटिंग गति

(सी) पूर्णलोडवर्तमान

(D। उपरोक्त सभी

49. निम्नलिखित में से कौन-सा एक DC मशीन में पोल शूज़ का कार्य नहीं है?

(ए) एडीवर्तमाननुकसानकोकमकरनेकेलिए

(बी) फील्ड कॉइल का समर्थन करने के लिए

(सी) बेहतर एकरूपता के लिए प्रवाह फैलाने के लिए

(डी) चुंबकीय पथ की अनिच्छा को कम करने के लिए

50. एक शंट मोटर द्वारा विकसित यांत्रिक शक्ति अधिकतम होगी जब बैक ईएमएफ और लागू वोल्टेज का अनुपात होगा

(ए) 4.0

(बी) 2.0

(सी) 1.0

(डी) 0.5

51. डीसी मोटर के मामले में अधिकतम शक्ति की शर्त है

(ए) बैक ईएमएफ = 2 एक्स आपूर्ति वोल्टेज

(बी) बैकईएमएफ = | एक्सआपूर्तिवोल्टेज

(सी) आपूर्ति वोल्टेज = | एक्स बैक ईएमएफ

(डी) आपूर्ति वोल्टेज = वापस ईएमएफ

52. निम्नलिखित में से किस अनुप्रयोग के लिए एक एसी मोटर पर डीसी मोटर को प्राथमिकता दी जाती है?

(ए) कम गति संचालन

(बी) हाई स्पीड ऑपरेशन

(सी) परिवर्तनीयगतिसंचालन

(डी) निश्चित गति संचालन

53. डीसी मशीनों में अवशिष्ट चुंबकत्व के क्रम का होता है

(ए) 2 से 3 प्रतिशत

(6) 10 से 15 प्रतिशत

(सी) 20 से 25 प्रतिशत

(डी) 50 से 75 प्रतिशत

54. क्रेन और होइस्ट के लिए आमतौर पर कौन सी डीसी मोटर पसंद की जाती है?

(ए) सीरीजमोटर

(बी) शंट मोटर

(सी) संचयी रूप से मिश्रित मोटर

(डी) डिफरेंशियल कंपाउंडेड मोटर

55. थ्री पॉइंट स्टार्टर का उपयोग के लिए किया जा सकता है

(ए) श्रृंखला मोटर केवल

(बी) केवल शंट मोटर

(सी) केवल यौगिक मोटर

(डी) शंटऔरमिश्रितमोटरदोनों

56. डीसी मोटर में स्पार्किंग को हतोत्साहित किया जाता है क्योंकि

(ए) यह इनपुट बिजली की खपत को बढ़ाता है

(बी) कम्यूटेटरक्षतिग्रस्तहोजाताहै

(सी) दोनों (ए) और (बी)

(डी) उपरोक्त में से कोई नहीं

57. वार्ड लियोनार्ड विधि द्वारा गति नियंत्रण एक समान गति भिन्नता देता है

(ए) एक दिशा में

(बी) दोनोंदिशाओंमें

(सी) केवल सामान्य गति से नीचे

(डी) केवल सामान्य गति से ऊपर।

58. मोटर द्वारा पीक डिमांड को कम करने के लिए डीसी कंपाउंड मोटर के साथ फ्लाईव्हील का उपयोग किया जाता है, कंपाउंड मोटर को होना होगा

(ए) स्तर मिश्रित

(बी) मिश्रित के तहत

(सी) संचयीरूपसेमिश्रित

(डी) अलग-अलग मिश्रित

59. निम्नलिखित मोटर का उपयोग किया जाता है जहां उच्च प्रारंभिक टोक़ और विस्तृत गति सीमा नियंत्रण की आवश्यकता होती है।

(ए) सिंगल फेज कैपेसिटर स्टार्ट

(बी) प्रेरण मोटर

(सी) तुल्यकालिक मोटर

(डी) डीसीमोटर

60. एक भिन्न मिश्रित डीसी मोटर में, यदि शंट फील्ड अचानक खुल जाता है

(ए) मोटरपहलेरुकेगीऔरफिरविपरीतदिशामेंश्रृंखलामोटरकेरूपमेंचलेगी

(बी) मोटर श्रृंखला मोटर के रूप में काम करेगी और उसी दिशा में धीमी गति से चलेगी

(सी) मोटर श्रृंखला मोटर के रूप में काम करेगी और उसी दिशा में तेज गति से चलेगी

(डी) मोटर काम नहीं करेगा और रुक जाएगा

61. निम्नलिखित में से किस मोटर की गति नियमन सबसे खराब है ?

(ए) शंट मोटर

(बी) सीरीजमोटर

(सी) डिफरेंशियल कंपाउंड मोटर

(डी) संचयी यौगिक मोटर

62. बसों, ट्रेनों, ट्रॉलियों, होइस्टों, क्रेनों को उच्च स्टार्टिंग टॉर्क की आवश्यकता होती है और इसलिए इसका उपयोग करें

(ए) डीसीश्रृंखलामोटर

(बी) डीसी शंट मोटर

(सी) प्रेरण मोटर

(डी) उपरोक्त सभी मोटर्स

63. जैसे-जैसे लोड बढ़ता है डीसी शंट मोटर की गति बढ़ जाती है

(ए) थोड़ाकमकरें

(बी) थोड़ा बढ़ो

(सी) आनुपातिक वृद्धि

(डी) अपरिवर्तित रहता है

64. डीसी शंट मोटर का आर्मेचर टॉर्क के समानुपाती होता है

(ए) केवल क्षेत्र प्रवाह

(बी) आर्मेचरवर्तमानकेवल

(सी) दोनों (ए) और (बी)

(डी) उपरोक्त में से कोई नहीं

65. डीसी मशीन के गति नियंत्रण की निम्नलिखित में से कौन सी विधि न्यूनतम दक्षता प्रदान करेगी?

(ए) वोल्टेज नियंत्रण विधि

(बी) फील्ड नियंत्रण विधि

(सी) आर्मेचरनियंत्रणविधि

(डी) उपरोक्त सभी विधियां

1. निम्नलिखित में से कौन सा घटक आमतौर पर सिलिकॉन स्टील से बना होता है?

(ए) बियरिंग्स

(बी) दस्ता

(सी) स्टेटरकोर

(डी) उपरोक्त में से कोई नहीं

2. एक प्रेरण मोटर का फ्रेम आमतौर पर बना होता है

(ए) सिलिकॉन स्टील

(बी) कच्चालोहा

(सी) एल्यूमीनियम

(डी) कांस्य

3. इंडक्शन मोटर का शाफ्ट का बना होता है

(ए) कठोर

(बी) लचीला

(सी) खोखला

(डी) उपरोक्त में से कोई भी

4. इंडक्शन मोटर का शाफ्ट का बना होता है

(ए) उच्च गति स्टील

(बी) स्टेनलेस स्टील

(सी) कार्बनस्टील

(डी) कच्चा लोहा

5. एक इंडक्शन मोटर में, नो-लोड स्लिप आमतौर पर होती है

(ए) 1% सेकम

(बी) 1.5%

(सी) 2%

(डी) 4%

6. मध्यम आकार के प्रेरण मोटर्स में, पर्ची आम तौर पर आसपास होती है

(ए) 0.04%

(बी) 0.4%

(सी) 4%

(डी) 14%

7. गिलहरी केज इंडक्शन मोटर्स में, रोटर स्लॉट्स को आमतौर पर थोड़ा तिरछा दिया जाता है

के लिए

(ए) विंडेज नुकसान को कम करें

(बी) एड़ी धाराओं को कम करें

(सी) गंदगी और धूल के संचय को कम करें

(डी) चुंबकीयहृयूमकोकमकरें

8. इंडक्शन मोटर में एयर गैप बढ़ने की स्थिति में

(ए) रोटर की चुंबकीय धारा घट जाएगी

(बी) शक्तिकारकघटजाएगा

(सी) मोटर की गति बढ़ जाएगी

(डी) विंडेज घाटे में वृद्धि होगी

9. पर्ची के छल्ले आमतौर पर बने होते हैं

(ए) तांबा

(बी) कार्बन

(सी) फॉस्फोरकांस्य

(डी) एल्यूमीनियम

10. एक 3-फेज 440 V, 50 Hz इंडक्शन मोटर में 4% स्लिप है। रोटर की आवृत्ति ईएमएफ होगा

(ए) 200 हर्ट्ज

(बी) 50 हर्ट्ज

(सी) 2 हर्ट्ज

(डी) 0.2 हर्ट्ज

11. एनएस में समकालिक गति और एस पर्ची है, तो वास्तविक चलने की गति a इंडक्शन मोटर होगी

(ए) एनएस

(बी) एसएन,

(सी) <u>(एलएस) एनएस</u>

(डी) (एनएस-एल) एस

एक प्रेरण मोटर की दक्षता लगभग होने की उम्मीद की जा सकती है

(ए) 60 से 90%

(बी) <u>80 से 90%</u>

(सी) 95 से 98%

(डी) 99%

13. गिलहरी केज इंडक्शन मोटर पर स्लिप रिंग की संख्या आमतौर पर होती है

(दो

(बी) तीन

(सी) चार

(डी) <u>कोईनहीं</u>

14. गिलहरी-पिंजरे प्रेरण मोटर का प्रारंभिक बलाघूर्ण है

(ए) <u>कम</u>

(बी) नगण्य

(सी) पूर्ण लोड टोक़ के समान

(डी) पूर्ण लोड टोक़ से थोड़ा अधिक

15. एक डबल गिलहरी-पिंजरे प्रेरण मोटर में है

(ए) दो रोटर विपरीत दिशा में आगे बढ़ रहे हैं

(बी) स्टेटर में दो समानांतर वाइंडिंग

(सी) <u>रोटरमेंदोसमानांतरघुमाव</u>

(डी) स्टेटर में दो श्रृंखला घुमाव

16. के मामले में मोटर्स का स्टार-डेल्टा शुरू करना संभव नहीं है

(ए) <u>सिंगलफेजमोटर्स</u>

(बी) चर गति मोटर्स

(सी) कम हॉर्स पावर मोटर

(डी) उच्च गति मोटर्स

17. शब्द 'कॉगिंग' किससे संबंधित है?

(ए) तीन चरण ट्रांसफार्मर

(बी) यौगिक जनरेटर

(सी) डीसी श्रृंखला मोटर्स

(डी) <u>प्रेरणमोटर्स</u>

18. प्रेरण मोटर्स के मामले में टोक़ है

(ए) के विपरीत आनुपातिक (Vslip)

(बी) सीधे आनुपातिक (पर्ची) 2

(सी) पर्ची के विपरीत आनुपातिक

(डी) पर्चीकेसीधेआनुपातिक

19. 1000 आरपीएम की गति वाली एक प्रेरण मोटर होगी

(ए) 8 ध्रुव

(बी) 6 ध्रुव

(सी) 4 ध्रुव

(डी) 2 ध्रुव

20. एक प्रेरण मोटर का अच्छा शक्ति कारक प्राप्त किया जा सकता है यदि औसत वायु अंतराल में फ्लक्स घनत्व है

(ए) अनुपस्थित

(बी) छोटा

(सी) बड़े

(डी) अनंत

21. एक प्रेरण मोटर के समान है

(ए) डीसी कंपाउंड मोटर

(बी) डीसी श्रृंखला मोटर

(सी) तुल्यकालिक मोटर

(डी) अतुल्यकालिकमोटर

22. इंडक्शन मोटर के रोटर में इंजेक्टेड ईएमएफ होना चाहिए

(ए) शून्य आवृत्ति

(बी) पर्चीआवृत्तिकेसमानआवृत्ति

(सी) रोटर ईएमएफ के समान चरण

(डी) संतोषजनक गति नियंत्रण के लिए उच्च मूल्य

23. की गति को नियंत्रित करने के लिए निम्नलिखित में से कौन सी विधि आसानी से लागू होती है?

गिलहरी-पिंजरे प्रेरण मोटर ?

(ए) स्टेटरध्रुवोंकीसंख्याकोबदलकर

(बी) रोटर रिओस्तात नियंत्रण

(सी) कैस्केड में दो मोटरों को संचालित करके

(डी) रोटर सर्किट में ईएमएफ इंजेक्ट करके

24. इंडक्शन मोटर में रेंगने का कारण होता है

(ए) कम वोल्टेज की आपूर्ति

(बी) उच्च भार

(सी) मोटरमेंविकसितहार्मोनिक्स

(डी) मशीन का अनुचित डिजाइन

(ई) उपरोक्त में से कोई नहीं

25. पिंजरे शुरू करने के लिए ऑटो-स्टार्टर (तीन ऑटो ट्रांसफार्मर का उपयोग करके) का उपयोग किया जा सकता है

निम्नलिखित प्रकार की प्रेरण मोटर

(ए) केवल स्टार जुड़ा हुआ है

(बी) केवल डेल्टा जुड़ा हुआ है

(सी) (ए) और (बी) दोनों

(डी) उपरोक्त में से कोई नहीं

26. ऑटोस्टार्टर के साथ केज इंडक्शन मोटर में विकसित टॉर्क है

(ए) के / टोक़ प्रत्यक्ष स्विचिंग के साथ

(6) K x टॉर्क डायरेक्ट स्विचिंग के साथ

(सी) प्रत्यक्षस्विचिंगकेसाथ K2 x टोक़

(डी) प्रत्यक्ष स्विचिंग के साथ के2/टॉर्क

27. जब डबल गिलहरी-पिंजरे प्रेरण मोटर के समकक्ष सर्किट आरेख

दो पिंजरों का निर्माण किया जा सकता है

सोच-विचार किया हुआ

(ए) श्रृंखला में

(बी) समानांतरमें

(सी) श्रृंखला-समानांतर में

(डी) स्टेटर के समानांतर में

28. इंडक्शन मोटर की लाइन-स्टार्टिंग से बचने और स्टार्टर का उपयोग करने की सलाह दी जाती है

इसलिये

(ए) मोटरअपनेफुललोडकरंटकापांचसेसातगुनालेतीहै

(बी) यह बहुत तेज गति से उठाएगा और कदम से बाहर जा सकता है

(सी) यह विपरीत दिशा में चलेगा

(डी) टोक़ शुरू करना बहुत अधिक है

29. निम्नलिखित में से किस विधि से इंडक्शन मोटर का स्टीप्लेस गति नियंत्रण संभव है?

(ए) रोटर eueuit . में ईएमएफ इंजेक्शन

(बी) ध्रुवोंकीसंख्याबदलना

(सी) कैस्केड ऑपरेशन

(डी) उपरोक्त में से कोई नहीं

30. गति नियंत्रण के रोटर रिओस्तात नियंत्रण विधि का प्रयोग किया जाता है

(ए) केवल गिलहरी-पिंजरे प्रेरण मोटर्स

(बी) स्लिपरिंगइंडक्शनमोटर्सकेवल

(सी) दोनों (ए) और (बी)

(डी) उपरोक्त में से कोई नहीं

31. प्रेरण मोटर के वृत्त आरेख में, वृत्त का व्यास दर्शाता है

(एक पर्ची

(बी) रोटरवर्तमान

(सी) टोक़ चल रहा है

(डी) लाइन वोल्टेज

32. किस मोटर के लिए रोटर की तरफ से गति को नियंत्रित किया जा सकता है?

(ए) गिलहरी-पिंजरे प्रेरण मोटर

(बी) स्लिप-रिंगइंडक्शनमोटर

(सी) दोनों (ए) और (बी)

(डी) उपरोक्त में से कोई नहीं

33. यदि एक प्रेरण मोटर के लिए किन्हीं दो चरणों को आपस में बदल दिया जाता है

(ए) मोटरविपरीतदिशामेंचलेगी

(बी) मोटर कम गति से चलेगी

(सी) मोटर नहीं चलेगा

(डी) मोटर जल जाएगी

34. एक प्रेरण मोटर है

(ए) शून्य टोक़ के साथ स्वयं शुरू करना

(बी) उच्च टोक़ के साथ स्वयं शुरू करना

(सी) कमटोक़केसाथस्वयंशुरूकरना

(डी) गैर स्वयं शुरू

35. प्रेरण मोटर में अधिकतम बलाघूर्ण किस पर निर्भर करता है?

(ए) आवृत्ति

(बी) रोटर आगमनात्मक प्रतिक्रिया

(सी) आपूर्ति वोल्टेज का वर्ग

(डी) उपरोक्तसभी

36. तीन-चरण गिलहरी-पिंजरे प्रेरण मोटर्स में

(ए) रोटर कंडक्टर के छोर स्लिप रिंग के माध्यम से शॉर्ट-सर्किट होते हैं

(बी) <u>रोटरकंडक्टरअंतकेछल्लेकेमाध्यमसेशॉर्ट-सर्किटहोतेहैं</u>

(सी) रोटर कंडक्टर खुले रखे जाते हैं

(डी) रोटर कंडक्टर इन्सुलेशन से जुड़े हुए हैं

37. तीन फेज इंडक्शन मोटर में रोटर वाइंडिंग में ध्रुवों की संख्या हमेशा होती है

(ए) शून्य

(बी) स्टेटर में ध्रुवों की संख्या से अधिक

(सी) स्टेटर में ध्रुवों की संख्या से कम

(डी) <u>स्टेटरमेंध्रुवोंकीसंख्याकेबराबर</u>

38. इंडक्शन मोटर्स की डीओएल स्टार्टिंग आमतौर पर तक सीमित होती है

(ए) <u>कमअश्वशक्तिमोटर्स</u>

(बी) चर गति मोटर्स

(सी) उच्च अश्वशक्ति मोटर्स

(डी) उच्च गति मोटर्स

39. गिलहरी-पिंजरे प्रेरण मोटर की गति को सभी द्वारा नियंत्रित किया जा सकता है निम्नलिखित को छोड़कर:

(ए) आपूर्ति आवृत्ति बदलना

(बी) ध्रुवों की संख्या बदलना

(सी) <u>घुमावदारप्रतिरोधबदलना</u>

(डी) आपूर्ति वोल्टेज को कम करना

40. इंडक्शन मोटर में 'क्रॉलिंग' किसके कारण होता है?

(ए) उच्च भार

(6) कम वोल्टेज की आपूर्ति

(सी) मशीन का अनुचित डिजाइन

(डी) <u>मोटरमेंविकसितहार्मोनिक्स</u>

41. नो-लोड परिस्थितियों में इंडक्शन मोटर का पावर फैक्टर होगा
से अधिक निकट

(ए) <u>0.2 लैगिंग</u>

(बी) 0.2 अग्रणी

(सी) 0.5 अग्रणी

(डी) एकता

42. इंडक्शन मोटर की 'कॉगिंग' से बचा जा सकता है

(ए) उचित वेंटिलेशन

(बी) डीओएल स्टार्टर का उपयोग करना

(सी) ऑटो-ट्रांसफार्मर स्टार्टर

(डी) स्टेटरस्लॉटकीसंख्यासेअधिकयाकमरोटरस्लॉटकीसंख्या (बराबरनहीं)

43. यदि एक प्रेरण मोटर रोटर और स्टेटर स्लॉट के निश्चित अनुपात के साथ सामान्य गति के 1/7 पर चलता है, तो घटना को कहा जाएगा

(ए) गुनगुना

(बी) शिकार

(सी) रेंगना

(डी) कोगिंग

44. इंडक्शन मोटर की स्लिप ऋणात्मक होती है जब

(ए) चुंबकीय क्षेत्र और रोटर विपरीत दिशा में घूमते हैं

(बी) रोटर की गति क्षेत्र की तुल्यकालिक गति से कम है और एक ही दिशा में हैं

(सी) रोटरकीगतिक्षेत्रकीतुल्यकालिकगतिसेअधिकहैऔरएकहीदिशामेंहैं

(डी) उपरोक्त में से कोई नहीं

45. समान एचपी के लिए कम गति वाली मोटर की तुलना में हाई स्पीड मोटर का आकार होगा

(ए) बड़ा

(बी) छोटा

(सी) वही

(डी) उपरोक्त में से कोई भी

46. एक 3-फेज इंडक्शन मोटर स्टेटर डेल्टा जुड़ा हुआ है, पूरा भार वहन कर रहा है और इसका एक फ्यूज उड़ गया है। फिर मोटर

(ए) अपनेएकचरणकोजलातेहुएदौड़तारहेगा

(बी) अपने दो चरणों को जलाते हुए दौड़ता रहेगा

(सी) भारी प्रवाह को रोक देगा और इसकी घुमाव को स्थायी नुकसान पहुंचाएगा

(डी) घुमावदार को बिना किसी नुकसान के चलना जारी रखेगा

47. एक 3-फेज इंडक्शन मोटर जुड़ा हुआ डेल्टा बहुत अधिक भार वहन कर रहा है और उसका एक फ्यूज उड़ जाता है। फिर मोटर

(ए) अपने एक चरण को जलाते हुए दौड़ता रहेगा

(बी) अपने दो चरणों को जलाते हुए दौड़ता रहेगा

(सी) भारीप्रवाहकोरोकदेगाऔरइसकीघुमावकोस्थायीनुकसानपहुंचाएगा

(डी) घुमावदार को बिना किसी नुकसान के चलना जारी रखेगा

48. मोटर टर्मिनलों पर लो वोल्टेज किसके कारण होता है?

(ए) अपर्याप्त मोटर वायरिंग

(बी) खराब विनियमित बिजली आपूर्ति

(सी) उपरोक्तमेंसेकोईएक

(डी) उपरोक्त में से कोई नहीं

49. एक प्रेरण मोटर में स्टेटर स्लॉट और रोटर स्लॉट के बीच संबंध है कि

(ए) स्टेटर स्लॉट रोटर स्लॉट के बराबर हैं

(बी) स्टेटर स्लॉट रोटर स्लॉट के सटीक गुणक हैं

(सी) स्टेटरस्लॉटरोटरस्लॉटकेसटीकएकाधिकनहींहैं

(डी) उपरोक्त में से कोई नहीं

50. स्लिप रिंग मोटर की सिफारिश की जाती है जहां

(ए) गति नियंत्रण की आवश्यकता है

(6) बार-बार शुरू करना, रोकना और उलटना आवश्यक है

(सी) उच्च प्रारंभिक टोक़ की जरूरत है

(डी) उपरोक्तसभीसुविधाओंकीआवश्यकताहै

51. जैसे-जैसे इंडक्शन मोटर पर लोड बढ़ता जाता है

(ए) इसका शक्ति कारक घट रहा है

(बी) इसका शक्ति कारक स्थिर रहता है

(सी) इसका पावर फैक्टर पूर्ण भार के बाद भी बढ़ता रहता है

(डी) इसकापावरफैक्टरपूर्णभारतकबढ़ताजाताहैऔरफिरयहफिरसेगिरजाताहै

52. यदि स्टेटर को 3-फेज की आपूर्ति दी जाती है और रोटर शॉर्ट सर्कुलेटेड होता है तो रोटर गति करेगा

(ए) विपरीत दिशा में घूर्णन क्षेत्र की दिशा के रूप में

(बी) क्षेत्रकीदिशाकेसमानदिशामें

(सी) आपूर्ति के चरण अनुक्रम के आधार पर किसी भी दिशा में

53. इंडक्शन मोटर की लाइन स्टार्टिंग से बचने और स्टार्टर का उपयोग करने की सलाह दी जाती है क्योंकि

(ए) यह विपरीत दिशा में चलेगा

(बी) यह बहुत तेज गति उठाएगा और कदम से बाहर जा सकता है

(c) मोटरअपनेफुललोडकरंटकापांचसेसातगुनाज्यादासमयलेतीहै

(डी) टोक़ शुरू करना बहुत अधिक है

54. एक प्रेरण मोटर की गति विशेषताएँ निम्नलिखित में से किस मशीन की गति भार विशेषताओं के समान होती हैं:

(ए) डीसी श्रृंखला मोटर

(बी) डीसीशंटमोटर

(सी) सार्वभौमिक मोटर

(डी) उपरोक्त में से कोई नहीं

55. रोटर शाफ्ट को सहारा देने के लिए छोटे इंडक्शन मोटर्स में किस प्रकार की बेयरिंग दी जाती है?

(ए) बॉलबेयरिंग

(बी) कास्ट आयरन बीयरिंग

(सी) बुश बीयरिंग

(डी) उपरोक्त में से कोई नहीं

56. एक पंप इंडक्शन मोटर को उसके रेटेड वोल्टेज से 30% कम आपूर्ति पर स्विच किया जाता है। पंप चलता है। आखिर क्या होगा? यह

(ए) कुछ समय बाद स्टाल

(बी) तुरंत स्टाल

(सी) बिना नुकसान के कम गति से दौड़ना जारी रखें

(डी) गर्महोजाओऔरबादमेंक्षतिग्रस्तहोजाओ

57. 5 एचपी, 50-हर्ट्ज, 3-फेज, 440 वी, इंडक्शन मोटर्स निम्नलिखित आरपीएम के लिए उपलब्ध हैं कौन सी मोटर सबसे महंगी होगी?

(ए) 730 आरपीएम।

(बी) 960 आरपीएम

(सी) 1440 आरपीएम

(डी) 2880 आरपीएम

58. एक 3-फेज स्लिप रिंग मोटर में होता है

(ए) डबल केज रोटर

(बी) घावरोटर

(सी) शॉर्ट-सर्कुलेटेड रोटर

(डी) उपरोक्त में से कोई भी

59. 3-फेज गिलहरी केज इंडक्शन मोटर का आरंभिक बलाघूर्ण है

(ए) दो बार पूर्ण भार टोक़

(बी) 1.5 गुनाफुललोडटॉर्क

(सी) पूर्ण भार टोक़ के बराबर

60. इंडक्शन मोटर पर शॉर्ट-सर्किट परीक्षण का उपयोग निर्धारित करने के लिए नहीं किया जा सकता है

(ए) वेस्टेजनुकसान

(बी) तांबे के नुकसान

(सी) परिवर्तन अनुपात

(डी) सर्कल आरेख का पावर स्केल

61. तीन चरण प्रेरण मोटर में

(ए) रोटर की तुलना में स्टेटर में लोहे की हानि नगण्य होगी

(6) रोटर की तुलना में मोटर में लोहे की हानि नगण्य होगी

(सी) स्टेटर में लोहे की हानि रोटर की तुलना में कम होगी

(डी) स्टेटरमेंलोहेकीहानिरोटरकीतुलनामेंअधिकहोगी

62. 3-फेज इंडक्शन मोटर्स के मामले में, प्लगिंग का अर्थ है:

(ए) बिना स्टार्टर के मोटर को सीधे लाइन पर खींचना

(बी) हार्मोनिक्स के कारण रोटर का लॉकिंग

(सी) लोड पर मोटर शुरू करना जो रेटेड लोड से अधिक है

(डी) त्वरितरोककेलिएदोआपूर्तिचरणोंकोबदलना

63. इंडक्शन मोटर के लिए वृत्त आरेख बनाने के लिए निम्नलिखित में से कौन सा डेटा आवश्यक है?

(ए) केवल रोटर परीक्षण ब्लॉक करें

(बी) केवल लोड परीक्षण नहीं

(सी) ब्लॉक रोटर टेस्ट और नो-लोड टेस्ट

(डी) ब्लॉकरोटरटेस्ट, नो-लोडटेस्टऔरस्टेटरप्रतिरोधपरीक्षण

64. थ्री-फेज इंडक्शन मोटर्स में कभी-कभी कॉपर बार को रोटर में गहराई तक रखा जाता है

(ए) प्रारंभिकटोक़मेंसुधार

(बी) तांबे के नुकसान को कम करें

(सी) दक्षता में सुधार

(डी) पावर फैक्टर में सुधार

65. तीन चरण प्रेरण मोटर में

(ए) दौड़ते समय की तुलना में शुरू होने पर पावर फैक्टर अधिक होता है

(बी) दौड़तेसमयकीतुलनामेंशुरूहोनेपरपावरफैक्टरकमहोताहै

(सी) चलने के दौरान उसी तरह शुरू होने पर पावर फैक्टर

66. एक प्रेरण मोटर के परिवर्तन अनुपात की वापसी द्वारा पाया जा सकता है

(ए) केवल ओपन-सर्किट परीक्षण

(बी) केवलशॉर्ट-सर्किटपरीक्षण

(सी) स्टेटर प्रतिरोध परीक्षण

(डी) उपरोक्त में से कोई नहीं

67. इंडक्शन मोटर के सर्कल डायग्राम का पावर स्केल पाया जा सकता है

(ए) स्टेटर प्रतिरोध परीक्षण

(बी) केवल नो-लोड टेस्ट

(सी) केवलशॉर्ट-सर्किटपरीक्षण

(डी) उपरोक्त के noue

68. प्रेरण मोटर के आघूर्ण/स्लिप वक्र का आकार होता है

(ए) परवलय

(बी) हाइपरबोला

(सी) आयताकारपरवलय

(डी) सीधी रेखा

69. इंडक्शन मोटर में आपूर्ति वोल्टेज के 4% का परिवर्तन लगभग परिवर्तन का उत्पादन करेगा

(ए) रोटर टोक़ में 4%

(बी) रोटर टोक़ में 8%

(सी) रोटर टोक़ में 12%

(डी) रोटरटोक़में 16%

70. स्लिप रिंग इंडक्शन मोटर के स्टेटिंग टॉर्क को जोड़कर बढ़ाया जा सकता है

(ए) रोटर के लिए बाहरी अधिष्ठापन

(बी) रोटरकेलिएबाहरीप्रतिरोध

(सी) रोटर के लिए बाहरी समाई

(डी) रोटर के प्रतिरोध और अधिष्ठापन दोनों

71. एक 500 kW, 3-फेज, 440 वोल्ट, 50 Hz, AC इंडक्शन मोटर में फुल लोड पर 960 rpm की गति होती है। मशीन में 6 पोल हैं। मशीन की पर्ची होगी

(ए) 0.01

(बी) 0.02

(सी) 0.03

(डी) 0.04

72. इंड्यूशन मोटर का पूरा वृत्त आरेख किसकी सहायता से खींचा जा सकता है?

से मिला डेटा

(ए) नोलोड टेस्ट

(6) अवरुद्ध रोटर परीक्षण

(सी) स्टेटर प्रतिरोध परीक्षण

(डी) उपरोक्तसभी

73. गिलहरी-पिंजरे इंडक्शन मोटर में रोटर स्लॉट्स को आमतौर पर थोड़ा तिरछा दिया जाता है

(ए) रोटरकेचुंबकीयहुमऔरलॉकिंगप्रवृत्तिकोकमकरनेकेलिए

(बी) रोटर सलाखों की तन्यता ताकत बढ़ाने के लिए

(सी) आसान निर्माण सुनिश्चित करने के लिए

(डी) उपरोक्त में से कोई नहीं

74. चालू हालत में एक प्रेरण मोटर में रोटर का टोक़ अधिकतम है

(ए) पर्ची के इकाई मूल्य पर

(बी) पर्ची के शून्य मूल्य पर

(सी) पर्चीकेमूल्यपरजोप्रतिचरणरोटरप्रतिक्रियाकोप्रतिचरणप्रतिरोधकेबराबरबनाताहै

(डी) पर्ची के मूल्य पर जो रोटर की प्रतिक्रिया को रोटर का आधा बना देता है

75. यदि स्टेटर के घूर्णन फ्लक्स और प्रेरण मोटर के रोटर के बीच सापेक्ष गति शून्य हो तो क्या होगा?

(ए) मोटर की पर्ची 5% होगी

(बी) रोटरनहींचलेगा

(सी) रोटर बहुत तेज गति से चलेगा

(डी) उत्पादित टोक़ बहुत बड़ा होगा

76. इंडक्शन मोटर के वृत्त आरेख का उपयोग यह निर्धारित करने के लिए नहीं किया जा सकता है

(ए) दक्षता

(बी) पावर फैक्टर

(सी) आवृत्ति

(डी) आउटपुट

77. इंडक्शन मोटर्स पर अवरुद्ध रोटर परीक्षण का पता लगाने के लिए प्रयोग किया जाता है

(ए) रिसाव प्रतिक्रिया

(बी) शॉर्ट सर्किट पर पावर फैक्टर

(सी) रेटेड वोल्टेज के तहत शॉर्ट-सर्किट वर्तमान

(डी) उपरोक्तसभी

78. बॉल बेयरिंग के लिए इस्तेमाल किया जाने वाला स्नेहक आमतौर पर होता है

(ए) ग्रेफाइट

(बी) ग्रीस

(सी) खनिज तेल

(डी) गुड़

79. एक प्रेरण मोटर समकालिक गति से चल सकती है जब

(ए) यह लोड पर चलाया जाता है

(बी) यह विपरीत दिशा में चलाया जाता है

(सी) यह रेटेड वोल्टेज से अधिक वोल्टेज पर चलता है

(डी) रोटरसर्किटमेंईएमएफइंजेक्टकियाजाताहै

80. उन खानों में उपयोग के लिए कौन सी मोटर पसंद की जाती है जहां विस्फोटक गैसें मौजूद हैं?

(ए) एयरमोटर

(बी) प्रेरण मोटर

(सी) डीसी शंट मोटर

(डी) तुल्यकालिक मोटर

81. 3-फेज इंडक्शन मोटर द्वारा विकसित टॉर्क कम से कम किस पर निर्भर करता है?

(ए) रोटर वर्तमान

(बी) रोटर पावर फैक्टर

(सी) रोटर ईएमएफ

(डी) शाफ्टव्यास

82. एक प्रेरण मोटर में यदि वायु-अंतराल बढ़ा दिया जाता है

(ए) पावरफैक्टरकमहोगा

(बी) विंडेज नुकसान अधिक होगा

(सी) असर घर्षण कम हो जाएगा

(डी) एक प्रेरण मोटर में तांबे का नुकसान कम हो जाएगा

83. प्रेरण मोटर में प्रतिशत पर्ची निर्भर करती है

(ए) आपूर्ति आवृत्ति

(बी) आपूर्ति वोल्टेज

(सी) मोटरमेंतांबेकीहानि

(डी) उपरोक्त में से कोई नहीं

85. डबल केज इंडक्शन मोटर के मामले में, आंतरिक पिंजरे में है

(ए) उच्चअधिष्ठापनऔरकमप्रतिरोध

(बी) कम अधिष्ठापन और उच्च प्रतिरोध

(सी) कम अधिष्ठापन और कम प्रतिरोध

(डी) उच्च अधिष्ठापन और उच्च प्रतिरोध

86. इंडक्शन मोटर का लो पावर फैक्टर किसके कारण होता है?

(ए) रोटर रिसाव प्रतिक्रिया

(बी) स्टेटर प्रतिक्रिया

(सी) चुंबकीय प्रवाह उत्पन्न करने के लिए आवश्यक प्रतिक्रियाशील लैगिंग चुंबकीयकरण वर्तमान

(डी) उपरोक्तसभी

87. रोटर सर्किट में प्रतिक्रिया का सम्मिलन

(ए) शुरुआतीटोक़केसाथ-साथअधिकतमटोककोकमकरताहै

(बी) प्रारंभिक टोक़ के साथ-साथ अधिकतम टोक़ भी बढ़ाता है

(सी) प्रारंभिक टोक़ बढ़ता है लेकिन अधिकतम टोक़ अपरिवर्तित रहता है

(डी) प्रारंभिक टोक़ बढ़ता है लेकिन अधिकतम टोक़ कम हो जाता है

88. किसी दिए गए टॉर्क को विकसित करने के लिए इंडक्शन मोटर के रोटसीर में प्रतिरोध का सम्मिलन

(ए) रोटर वर्तमान घटाता है

(बी) रोटर वर्तमान बढ़ाता है

(सी) रोटर वर्तमान शून्य हो जाता है

(डी) रोटरवर्तमानसमानरहताहै

89. उच्च जड़त्व वाले भार को चलाने के लिए सर्वोत्तम प्रकार की प्रेरण मोटर का सुझाव दिया जाता है

(ए) पर्चीकीअंगूठीप्रकार

(बी) गिलहरी पिंजरे का प्रकार

(सी) उपरोक्त में से कोई भी

(डी) उपरोक्त में से कोई नहीं

90. थ्री फेज इंडक्शन मोटर की स्टेटर वाइंडिंग का तापमान है
के द्वारा हासिल किया गया

(ए) प्रतिरोध वृद्धि विधि

(बी) थर्मामीटर विधि

(सी) एम्बेडेड तापमान विधि

(डी) सभीउपरोक्तविधियां

91. शॉर्ट-सर्किट गियर का उपयोग करने का उद्देश्य है

(ए) रोटरकोस्लिपरिंगपरशॉर्टसर्किटकरनेकेलिए

(बी) स्टार्टर में शुरुआती प्रतिरोधों को शॉर्ट सर्किट करने के लिए

(सी) शॉर्ट सर्किट के लिए मोटर के स्टेटर चरण को स्टार बनाने के लिए

(डी) उपरोक्त में से कोई नहीं

92. एक गिलहरी केज मोटर में प्रेरित ईएमएफ है

(ए) शाफ्ट लोडिंग पर निर्भर

(बी) स्लॉट की संख्या पर निर्भर

(सी) रोटरमेंप्रेरितस्टैंडस्टिलईएमएफस्लिपटाइम्स

(डी) उपरोक्त में से कोई नहीं

93. के मामले में कम रखरखाव की परेशानी का अनुभव होता है

(ए) स्लिप रिंग इंडक्शन मोटर

(बी) गिलहरीपिंजरेप्रेरणमोटर

(सी) दोनों (ए) और (बी)
(डी) उपरोक्त में से कोई नहीं
94. एक गिलहरी पिंजरे प्रेरण मोटर का चयन नहीं किया जाता है जब
(ए) प्रारंभिक लागत मुख्य विचार है
(बी) रखरखाव लागत कम रखी जानी है
(सी) उच्चप्रारंभिकटोक़मुख्यविचारहै
(डी) उपरोक्त सभी विचार शामिल हैं
95. कम वोल्टेज स्टार्टर के साथ प्रयोग किया जा सकता है
(ए) स्लिप रिंग मोटर केवल लेकिन गिलहरी पिंजरे प्रेरण मोटर के साथ नहीं
(बी) गिलहरी पिंजरे प्रेरण मोटर केवल लेकिन पर्ची की अंगूठी मोटर के साथ नहीं
(सी) गिलहरीपिंजरेकेसाथ-साथपर्चीकीअंगूठीप्रेरणमोटर
(डी) उपरोक्त में से कोई नहीं
96. स्लिप रिंग मोटर को गिलहरी केज इंडक्शन मोटर पर पसंद किया जाता है जहां
(ए) उच्चप्रारंभिकटोक़कीआवश्यकताहै
(बी) लोड टोक़ भारी है
(सी) भारी पुल आउट टोक़ की आवश्यकता है
(D। उपरोक्त सभी
97. एक प्रेरण मोटर के स्टार-डेल्टा स्टार्टर में
(ए) स्टेटर में प्रतिरोध डाला जाता है
(बी) स्टेटर पर कम वोल्टेज लागू होता है
(सी) रोटर में प्रतिरोध डाला जाता है
(डी) लागूवोल्टेजपर्लस्टेटरचरणलाइनवोल्टेजका 57.7% है
98. इंडक्शन मोटर का टॉर्क है
(ए) पर्चीकेसीधेआनुपातिक
(बी) पर्ची के विपरीत आनुपातिक
(सी) पर्ची के वर्ग के लिए आनुपातिक
(डी) उपरोक्त में से कोई नहीं
99. इंडक्शन मोटर का रोटर पर चलता है
(ए) तुल्यकालिक गति
(बी) तुल्यकालिकगतिसेनीचे
(सी) तुल्यकालिक गति से ऊपर
(डी) उपरोक्त में से कोई भी
100. थ्री फेज इंडक्शन मोटर के शुरुआती टॉर्क को किसके द्वारा बढ़ाया जा सकता है
(ए) बढ़ती पर्ची

(बी) वर्तमान बढ़ रहा है
(सी) <u>दोनों (ए) और (बी)</u>
(डी) उपरोक्त में से कोई नहीं

1. सिंक्रोनस मोटर्स आमतौर पर सेल्फ स्टार्टिंग नहीं होती हैं क्योंकि
(ए) रोटेशन की दिशा निश्चित नहीं है
(बी) <u>तात्कालिकटोक़कीदिशाआधेचक्रकेबादउलटजातीहै</u>
(सी) इन मशीनों पर स्टार्ट का उपयोग नहीं किया जा सकता है
(d) मशीनों पर स्टार्टिंग वाइंडिंग प्रदान नहीं की जाती है

2. यदि तीन-चरण तुल्यकालिक मोटर का एक चरण शॉर्ट-सर्किट होता है तो मोटर होगा
(ए) <u>शुरूनहीं</u>
(बी) तुल्यकालिक गति के 2/3 पर चलाएं
(सी) अत्यधिक कंपन के साथ दौड़ें
(डी) रेटेड लोड से कम लें

3. एक पोनी मोटर मूल रूप से a . है
(ए) <u>छोटीप्रेरणमोटर</u>
(बी) डीसी श्रृंखला मोटर
(सी) डीसी शंट मोटर
(डी) डबल घुमावदार एसी / डीसी मोटर

4. एक सिंक्रोनस मोटर सिंक्रोनस टॉर्क विकसित कर सकती है
(ए) जब लोड के तहत
(बी) अति उत्साहित होने पर
(सी) <u>केवलतुल्यकालिकगतिपर</u>
(डी) तुल्यकालिक गति से नीचे या ऊपर

5. एक तुल्यकालिक मोटर को किसके द्वारा प्रारंभ किया जा सकता है?
(ए) टट्टू मोटर
(बी) डीसी कंपाउंड मोटर
(सी) स्पंज घुमावदार प्रदान करना
(डी) <u>उपरोक्तमेंसेकोईभी</u>

6. एक तीन-चरण तुल्यकालिक मोटर में होगा
(ए) कोई पर्ची के छल्ले नहीं
(बी) एक पर्ची-अंगूठी
(सी) <u>दोपर्चीकेछल्ले</u>
(डी) तीन पर्ची के छल्ले

7. निम्नलिखित में से किस स्थिति में सिंक्रोनस मोटर का शिकार होने की संभावना है?

(ए) लोडकीआवधिकभिन्नता

(बी) अति-उत्तेजना

(सी) लंबी अवधि के लिए ओवर-लोडिंग

(डी) छोटा और निरंतर भार

8. जब एक अनलोडेड सैलिएंट पोल सिंक्रोनस मोटर का एक्साइटमेंट अचानक डिस्कनेक्ट हो जाता है

(ए) मोटरबंदहोजाताहै

(बी) यह एक ही गति से अनिच्छा मोटर के रूप में चलता है

(सी) यह कम गति पर अनिच्छा मोटर के रूप में चलता है

(डी) उपरोक्त में से कोई नहीं

9. जब वी लागू वोल्टेज होता है, तो एक तुल्यकालिक मोटर का ब्रेकडाउन टोक़ बदलता है

(ए) वी

(बी) वी312

(सी) वी2

(डी) 1 / वी

10. एक सिंक्रोनस मोटर द्वारा विकसित शक्ति अधिकतम होगी जब लोड कोण है

(ए) शून्य

(बी) 45 डिग्री

(सी) 90 डिग्री

(डी) 120 डिग्री

11. एक सिंक्रोनस मोटर को सिंक्रोनस कैपेसिटर के रूप में इस्तेमाल किया जा सकता है, जब वह है

(ए) अंडर-लोडेड

(बी) अधिक भारित

(सी) कम उत्साहित

(डी) अतिउत्साहित

12. एक सिंक्रोनस मोटर सामान्य उत्तेजना के साथ लोड पर चल रही है। अब अगर मोटर पर लोड बढ़ा दिया जाए

(ए) पावर फैक्टर के साथ-साथ आर्मेचर करंट घट जाएगा

(बी) पावर फैक्टर के साथ-साथ आर्मेचर करंट बढ़ेगा

(सी) पावर फैक्टर बढ़ेगा लेकिन आर्मेचर करंट घट जाएगा

(डी) पावरफैक्टरकमहोजाएगाऔरआर्मेचरकरंटबढ़ेगा

13. अधिकतर, तुल्यकालिक मोटर्स के होते हैं

(ए) अल्टरनेटर प्रकार की मशीनें

(6) प्रेरण प्रकार की मशीनें

(सी) मुख्यपोलप्रकारमशीनें

(डी) चिकनी बेलनाकार प्रकार की मशीनें

14. सिंक्रोनस मोटर स्वाभाविक रूप से सेल्फ स्टार्टिंग नहीं है क्योंकि

(ए) एकपलमेंरोटरकोतुल्यकालिकगतिमेंतेजीलानेकेलिएआवश्यकबलअनुपस्थितहै

(बी) रोटर को निकट तुल्यकालिक गति में तेजी लाने के लिए प्रारंभिक उपकरण अनुपस्थित है

(सी) एक घूर्णन चुंबकीय क्षेत्र में पर्याप्त ध्रुव नहीं होते हैं

(डी) घूर्णन चुंबकीय क्षेत्र केवल 50 हट्र्ज आवृत्ति धाराओं द्वारा निर्मित होता है

15. जैसे ही लोड एक सिंक्रोनस मोटर पर लगाया जाता है, मोटर अधिक आर्मेचर करंट लेती है क्योंकि

(ए) बढ़े हुए भार को अधिक करंट लेना पड़ता है

(बी) रोटरअपनेचरणकोपीछेकीओरस्थानांतरितकरकेमोटरकोअधिकवर्तमानलेताहै

(सी) मोटर प्रवाह में वृद्धि के कारण पिछला ईएमएफ कम हो जाता है

(डी) रोटर अधिक मोटर प्रवाह के कारण घूर्णन क्षेत्र को मजबूत करता है

16. तुल्यकालिक मोटर हमेशा पर चलती है

(ए) तुल्यकालिकगति

(बी) तुल्यकालिक गति से कम

(सी) तुल्यकालिक गति से अधिक

(डी) उपरोक्त में से कोई नहीं

17. एक अति उत्साहित तुल्यकालिक मोटर लेता है

(ए) अग्रणीवर्तमान

(बी) लैगिंग करंट

(सी) दोनों (ए) और (बी)

(डी) उपरोक्त में से कोई नहीं

18. एक तुल्यकालिक मोटर का कार्य के समान है

(ए) गियर ट्रेन व्यवस्था

(बी) शाफ्टद्वारायांत्रिकशक्तिकासंचरण

(सी) वितरण ट्रांसफार्मर

(डी) टरबाइन

(ई) उपरोक्त में से कोई नहीं

19. सिंक्रोनस मोटर का न्यूनतम आर्मेचर करंट ऑपरेशन से मेल खाता है

(ए) शून्य शक्ति कारक अग्रणी

(बी) एकताशक्तिकारक

(सी) 0.707 पावर फैक्टर लैगिंग

(डी) 0.707 पावर फैक्टर अग्रणी

20. एक तुल्यकालिक मोटर में, स्टेटर बैक ईएमएफ का परिमाण £& पर निर्भर करता है

(ए) डीसीउत्तेजनाकेवल

(बी) मोटर की गति

(सी) मोटर पर लोड

(डी) गति और रोटर प्रवाह दोनों

21. यदि 4-पोल सिंक्रोनस मोटर का लोड (या टॉर्क) कोण 6° इलेक्ट्रिकल है, तो इसका यांत्रिक डिग्री में मान है

(ए) 2

(बी) 3

(सी) 4

(डी) 6

22. एक तुल्यकालिक मोटर के लिए वी-वक्र के लिए ग्राफ को के बीच खींचा जाता है

(ए) फील्डकरंटऔरआर्मेचरकरंट

(बी) टर्मिनल वोल्टेज और लोड फैक्टर

(सी) पावर फैक्टर और फील्ड करंट

(डी) आर्मेचर करंट और पावर फैक्टर

23. एक तुल्यकालिक मोटर का पिछला ईएमएफ निर्भर करता है

(ए) गति

(बी) लोड

(सी) लोडकोण

(D। उपरोक्त सभी

24. एक सिंक्रोनस मोटर पर काम कर सकती है

(ए) लैगिंग पावर फैक्टर केवल

(6) केवल प्रमुख शक्ति कारक

(सी) केवल एकता शक्ति कारक

(डी) लैगिंग, अग्रणीऔरएकताशक्तिकारक

25. एक सिंक्रोनस मोटर में लोड के साथ कौन सी हानि बदलती है?

(ए) विंडेज लॉस

(बी) घर्षण हानि असर

(सी) कॉपरनुकसान

(डी) कोर नुकसान

26. एक सिंक्रोनस मोटर को प्रदान करके स्वयं शुरू किया जा सकता है

(ए) रोटर ध्रुवों पर घुमावदार घुमावदार

(बी) स्टेटर पर घुमावदार घुमावदार

(सी) स्टेटर के साथ-साथ रोटर ध्रुवों पर घुमावदार घुमावदार

(डी) उपरोक्तमेंसेकोईनहीं

27. तुल्यकालिक मोटर में दोलनों को किसके द्वारा कम किया जा सकता है?

(ए) निरंतर उत्तेजना बनाए रखना

(बी) प्रमुख शक्ति कारकों पर मोटर चलाना

(सी) रोटरपोलचेहरोंमेंडैपरबारप्रदानकरना

(डी) दोलनों को कम नहीं किया जा सकता है

28. तुल्यकालिक मोटर का शाफ्ट बना होता है

(ए) हल्केस्टील

(बी) क्रोम स्टील

(सी) alnico

(डी) स्टेनलेस स्टील

29. जब एक तुल्यकालिक मोटर का क्षेत्र कम-उत्तेजित होता है, तो शक्ति कारक होगा

(एक अग्रणी

(बी) पिछड़ना

(सी) एकता

(डी) शून्य

30. एक तुल्यकालिक मोटर का गति विनियमन हमेशा होता है

(ए) 1%

(बी) 0.5%

(सी) सकारात्मक

(डी) शून्य

31. तुल्यकालिक मोटर के मामले में प्रतिशत पर्ची है

(ए) 1%

(बी) 100%

(सी) 0.5%

(डी) शून्य

32. तुल्यकालिक मोटर की परिचालन गति को किसके द्वारा नए निश्चित मान में बदला जा सकता है?

(ए) लोड बदलना

(बी) आपूर्ति वोल्टेज बदलना

(सी) आवृत्तिबदलना

(डी) ब्रेक का उपयोग करना

33. एक सिंक्रोनस मोटर हमेशा रुकेगी जब

(ए) आपूर्ति वोल्टेज में उतार-चढ़ाव होता है

(बी) मोटर में लोड भिन्न होता है

(सी) उत्तेजनाघुमावदारकाटदियाजाताहै

(डी) आपूर्ति वोल्टेज आवृत्ति परिवर्तन9885859805

34. एक सिंक्रोनस मोटर में रिंटिंग होती है

(ए) जब आपूर्ति वोल्टेज में उतार-चढ़ाव होता है

(बी) जबलोडबदलताहै

(सी) जब शक्ति कारक एकता है

(डी) मोटर लोड के तहत है

35. जब एक अति-उत्तेजित या कम उत्तेजित तुल्यकालिक * मोटर पर भार बढ़ जाता है, तो पावर फैक्टर की तुलना में इसके आर्मेचर करंट के परिवर्तन की दर होती है

(ए) अधिक

(बी) कम

(सी) बराबर

(डी) दो बार

36. एक तुल्यकालिक मोटर में रोटर तांबे के नुकसान, किसके द्वारा मिलते हैं

(ए) डीसीस्रोत

(बी) आर्मेचर इनपुट

(सी) मोटर इनपुट

(डी) आपूर्ति लाइनें

37. एक तुल्यकालिक मोटर में विकसित अधिकतम शक्ति के युग्मन कोण पर होती है

(ए) 30 डिग्री

(बी) 60 डिग्री

(सी) 90 डिग्री

(डी) 180 डिग्री

38. जब स्टेटर वाइंडिंग को इस तरह से जोड़ा जाता है कि ध्रुवों की संख्या आधी हो जाती है, तो एक तुल्यकालिक मोटर के रोटर की गति

(ए) मूल मूल्य के समान रहता है

(बी) मूल मूल्य के आधे तक घट जाती है

(सी) शून्य हो जाता है

(डी) मूलमूल्यसेदोगुनाबढ़जाताहै

39. निम्नलिखित में से किस मोटर में स्टेटर और रोटर चुंबकीय क्षेत्र पर घूमते हैं वही गति?

(ए) यूनिवर्सल मोटर

(बी) तुल्यकालिकमोटर

(सी) प्रेरण मोटर

(डी) अनिच्छा मोटर

40. एक तुल्यकालिक मशीन की तुल्यकालन शक्ति है

(ए) तुल्यकालिक प्रतिक्रिया के सीधे आनुपातिक

(बी) तुल्यकालिकप्रतिक्रियाकेव्युत्क्रमानुपाती

(ए) तुल्यकालिक प्रतिक्रिया के बराबर

(डी) उपरोक्त में से कोई नहीं

41. तुल्यकालिक मोटर्स हैं

(ए) नॉट-सेल्फस्टार्टिंग

(बी) स्वयं शुरू

(सी) अनिवार्य रूप से स्वयं शुरू

(डी) उपरोक्त में से कोई नहीं

42. सिंक्रोनस मोटर्स के लिए मानक पूर्ण लोड पावर फैक्टर रेटिंग हैं:

(ए) शून्य या 0.8 अग्रणी

(बी) एकता या 0.8 लैगिंग

(सी) एकताया 0.8 अग्रणी

(डी) एकता या शून्य

43. सामान्य उत्तेजना के साथ चलने वाली एक सिंक्रोनस मोटर अनिवार्य रूप से . में वृद्धि करके लोड वृद्धि को समायोजित करती है

(ए) वापस ईएमएफ

(बी) आर्मेचरवर्तमान

(सी) पावर फैक्टर

(डी) टोक़ कोण

44. एक तुल्यकालिक मोटर में समकक्ष प्रेरण मोटर की तुलना में बेहतर पावर फैक्टर होता है। यह मुख्य रूप से है क्योंकि

(ए) तुल्यकालिक मोटर में कोई पर्ची नहीं है

(बी) चुंबकीयक्षेत्रकाउत्पादनकरनेकेलिएस्टेटरआपूर्तिकीआवश्यकतानहींहै

(सी) रोटर पर यांत्रिक भार स्थिर रहता है

(डी) सिंक्रोनस मोटर में बड़ा एयरगैप होता है

45. अग्रणी पावर फैक्टर पर काम करने वाली एक सिंक्रोनस मोटर का उपयोग किया जा सकता है:

(ए) वोल्टेज बूस्टर

(बी) चरणसलाहकार

(सी) शोर जनरेटर

(डी) यांत्रिक सिंक्रनाइज़र

46. पर्ची के छल्ले आमतौर पर बने होते हैं

(ए) कार्बन या ग्रेफाइट

(बी) पीतलयास्टील

(सी) चांदी या सोना

(डी) तांबा या एल्यूमीनियम

47. एक अति उत्तेजित तुल्यकालिक मोटर का प्रयोग किसके लिए किया जाता है?

(ए) उतार-चढ़ाव भार

(बी) परिवर्तनीय गति भार

(सी) कम टोक़ भार

(डी) शक्तिकारकसुधार

48. जब एक तुल्यकालिक मोटर पर लगाया जाने वाला वोल्टेज बढ़ा दिया जाता है, तो निम्न में से कौन कम हो जाएगा?

(ए) स्टेटर फ्लक्स

(बी) टोक़ में खींचो

(सी) दोनों (ए) और (बी)

(डी) उपरोक्तमेंसेकोईनहीं

51. एक उचित रूप से डिज़ाइन की गई सिंक्रोनस मोटर की दक्षता आमतौर पर सीमा में गिर जाएगी

(ए) 60 से 70%

(बी) 75 से 80%

(सी) 85 से 95%

(डी) 99 से 99.5%

52. ऑपरेटिंग तापमान को सीमित करने के लिए एक विद्युत मशीन में उचित होना चाहिए

(ए) वोल्टेज रेटिंग

(बी) वर्तमानरेटिंग

(सी) पावर फैक्टर

(डी) गति

53. एक सिंक्रोनस मोटर कैरी में स्लिप-रिंग

(ए) प्रत्यक्षवर्तमान

(बी) प्रत्यावर्ती धारा

(सी) कोई वर्तमान नहीं

(D। उपरोक्त सभी

54. बड़े एयर गैप वाली सिंक्रोनस मशीन में होता है

(ए) स्थिरता सीमा का एक उच्च मूल्य

(6) अंतर्निहित विनियमन का एक छोटा मूल्य

(सी) एक उच्च सिंक्रनाइज़ेशन शक्ति जो मशीन को लोड विविधताओं के प्रति कम संवेदनशील बनाती है

(डी) उपरोक्तसभी

55. सिंक्रोनस मोटर के आर्मेचर करंट का मान अधिक होता है

(ए) केवल उच्च उत्तेजना

(बी) केवल कम उत्तेजना

(सी) दोनों (ए) और (बी)

(डी) उपरोक्त में से कोई नहीं

56. नियत उत्तेजन से चलने वाली तुल्यकालिक मोटर में जब भार तीन गुना बढ़ा दिया जाता है, तो उसका आघूर्ण कोण लगभग हो जाता है

(ए) एक तिहाई

(बी) दो बार

(सी) तीनबार

(डी) छह बार

57. घूर्णन स्टेटर फ्लक्स और रोटर ध्रुवों के बीच के कोण को ______ कोण कहा जाता है।

(ए) टोक़

(बी) कुंठित

(सी) सिंक्रनाइज़ करना

(डी) पावर फैक्टर

58. सिंक्रोनस मोटर को शुरू करने के लिए निम्नलिखित में से किस विधि का उपयोग किया जाता है?

(ए) स्पंज घुमावदार

(बी) स्टार-डेल्टा स्टार्टर

(सी) स्टार-डेल्टास्टार्टरकेसंयोजनकेसाथडैपरवाइंडिंग

(डी) आर्मेचर सर्किट में प्रतिरोध स्टार्टर

59. जब एक सिंक्रोनस मशीन में रोटर की गति, शिकार के दौरान सिंक्रोनस गति से अधिक हो जाती है, तो डैपर बार विकसित होते हैं

(ए) प्रारंभ करनेवाला मोटर टोक़

(बी) प्रेरणजनरेटरटोक़

(सी) तुल्यकालिक मोटर टोक़

(डी) डीसी मोटर टोक़

60. घाव गोल प्रेरण मोटर पर एक तुल्यकालिक मोटर का एक महत्वपूर्ण लाभ यह है कि

(ए) इसकाशक्तिकारकइच्छानुसारभिन्नहोसकताहै

(बी) इसकी गति आपूर्ति आवृत्ति से स्वतंत्र है

(सी) इसकी गति को और अधिक आसानी से नियंत्रित किया जा सकता है

(डी) उपरोक्त में से कोई नहीं

61. स्टेटर के संबंध में रोटर का यांत्रिक विस्थापन, पूर्ण भार पर चलने वाले पॉलीफ़ेज़ बहुध्रुवीय तुल्यकालिक मोटर्स में, क्रम का है

(ए) शून्य डिग्री

(बी) दो डिग्री

(सी) पांचडिग्री

(डी) दस डिग्री

62. एक तुल्यकालिक मोटर का पावर फैक्टर एकता है जब

(ए) आर्मेचर वर्तमान अधिकतम है

(बी) आर्मेचरवर्तमानन्यूनतमहै

(सी) आर्मेचर वर्तमान शून्य है

(डी) उपरोक्त में से कोई नहीं

63. एक तुल्यकालिक मोटर परिवर्तन के डीसी उत्तेजना का परिवर्तन

(ए) मोटर के लागू वोल्टेज

(बी) मोटर गति

(सी) मोटरद्वाराखींचीगईशक्तिकाशक्तिकारक

(डी) उपरोक्त में से कोई भी

(ई) उपरोक्त सभी

64. इंडक्शन मोटर क्रिया द्वारा एक तुल्यकालिक मोटर शुरू करते समय, फील्ड वाइंडिंग आमतौर पर होती है

(ए) डीसी आपूर्ति से जुड़ा

(बी) कमप्रतिरोधद्वाराशॉर्ट-सर्कुलेटेड

(सी) खुले सर्किट रखा गया

(डी) उपरोक्त में से कोई नहीं

1. कुण्डली का वह गुण जिससे धारा के होने पर उसमें एक प्रति ईएमएफ प्रेरित होता है कुंडल के माध्यम से परिवर्तन के रूप में जाना जाता है

(ए) आत्मअधिष्ठापन

(बी) पारस्परिक अधिष्ठापन

(सी) श्रृंखला सहायता अधिष्ठापन

(डी) समाई

2. फैराडे के विद्युत चुम्बकीय प्रेरण के नियमों के अनुसार, एक ईएमएफ को a . में प्रेरित किया जाता है

कंडक्टर जब भी

(ए) चुंबकीय प्रवाह के लंबवत स्थित है

(बी) एक चुंबकीय क्षेत्र में स्थित है

(सी) चुंबकीयप्रवाहमेंकटौती

(डी) चुंबकीय क्षेत्र की दिशा के समानांतर चलता है

3. निम्नलिखित में से कौन सा सर्किट तत्व विद्युत चुम्बकीय में ऊर्जा संग्रहीत करता है

खेत ?

(ए) अधिष्ठापन

(बी) कंडेनसर

(सी) परिवर्तनीय प्रतिरोधी

(डी) प्रतिरोध

4. निम्नलिखित को छोड़कर सभी स्थितियों में एक कॉइल का इंडक्शन बढ़ जाएगा:

(ए) जबसमानसंख्यामेंघुमावोंकेलिएअधिकलंबाईप्रदानकीजातीहै

(6) जब कुंडल के घुमावों की संख्या बढ़ जाती है

(सी) जब प्रत्येक मोड़ के लिए अधिक क्षेत्र प्रदान किया जाता है

(डी) जब कोर की पारगम्यता बढ़ जाती है

5. एक कुंडल का स्व-प्रेरकत्व जितना अधिक होगा,

(ए) कम इसके वेबर-मोड़

(बी) प्रेरित ईएमएफ को कम करें

(सी) इसके द्वारा उत्पादित प्रवाह अधिक से अधिक

(डी) इसकेमाध्यमसेस्थिरधारास्थापितकरनेमेंअधिकदेरी

6. एक लोहे की कोर वाली कुंडल में लोहे की कोर को हटा दिया जाता है ताकि कुंडल एक वायु कोर्ड कुंडल बन जाए। कुंडल का अधिष्ठापन होगा

(ए) वृद्धि

(बी) कमी

(सी) वही रहें

(डी) शुरू में बढ़ो और फिर घटो

7. एक खुली कुण्डली में होती है

(ए) शून्य प्रतिरोध और अधिष्ठापन

(बी) <u>अनंतप्रतिरोधऔरशून्यअधिष्ठापन</u>

(सी) अनंत प्रतिरोध और सामान्य अधिष्ठापन

(डी) शून्य प्रतिरोध और उच्च अधिष्ठापन

8. एक आगमनात्मक कुंडल के घुमावों की संख्या और कोर लंबाई दोनों को दोगुना कर दिया जाता है।

इसका सेल्फ इंडक्शन होगा

(ए) अप्रभावित

(बी) <u>दोगुना</u>

(सी) आधा

(डी) चौगुनी

9. यदि किसी चालक में धारा बढ़ती है तो लेन्ज के नियम के अनुसार स्व-प्रेरित वोल्टेज होगा

(ए) बढ़ती धारा की सहायता करें

(बी) वर्तमान किराए की मात्रा को कम करने की प्रवृत्ति है

(सी) <u>बढ़तीधाराकेविपरीतवर्तमानउत्पन्नकरें</u>

(डी) लागू वोल्टेज की सहायता करें

10. प्रेरित विद्युत वाहक बल की दिशा किसके द्वारा ज्ञात की जा सकती है?

(ए) लाप्लास का कानून

(बी) <u>लेनज़काकानून</u>

(c) फ्लेमिंग के दाहिने हाथ का नियम

(डी) किरचॉफ का वोल्टेज कानून

11. एयर-कोर कॉइल व्यावहारिक रूप से मुक्त हैं

(ए) हिस्टैरिसीस नुकसान

(बी) एड़ी वर्तमान नुकसान

(सी) <u>दोनों (ए) और (बी)</u>

(डी) उपरोक्त में से कोई नहीं

12. किसी चालक में प्रेरित विद्युत वाहक बल का परिमाण किस पर निर्भर करता है?

(ए) चुंबकीय क्षेत्र का प्रवाह घनत्व

(बी) प्रवाह कटौती की मात्रा

(सी) फ्लक्स लिंकेज की मात्रा

(डी) फ्लक्स-लिंकेजकेपरिवर्तनकीदर

13. दो चुंबकीय रूप से युग्मित कुंडलियों के बीच पारस्परिक रूप से अधिष्ठापन निर्भर करता है

(ए) कोर की पारगम्यता

(बी) उनके घुमावों की संख्या

(सी) उनके सामान्य कोर का पार-अनुभागीय क्षेत्र

(डी) उपरोक्तसभी

14. एक लेमिनेटेड लोहे के कोर ने एड़ी-करंट के नुकसान को कम कर दिया है क्योंकि

(ए) कॉइल में कम डीसी प्रतिरोध के साथ अधिक तार का उपयोग किया जा सकता है

(बी) टुकड़ेटुकड़ेएकदूसरेसेइन्सुलेटकिएजातेहैं

(सी) चुंबकीय प्रवाह कोर के वायु अंतराल में केंद्रित है

(डी) टुकड़े टुकड़े खड़ी खड़ी हैं

15. कानून कि प्रेरित ईएमएफ और करंट हमेशा कारण का विरोध करते हैं
उनका उत्पादन करने के कारण है

(ए) फैराडे

(बी) लेन्ज़ो

(सी) न्यूटन

16. निम्नलिखित में से कौन अधिष्ठापन की इकाई नहीं है ?

(ए) हेनरी

(बी) कूलम्ब/वोल्टएम्पीयर

(सी) वोल्ट सेकेंड प्रति एम्पीयर

(D। उपरोक्त सभी

17. एक अधिष्ठापन के मामले में, धारा के समानुपाती होती है

(ए) अधिष्ठापन भर में वोल्टेज

(बी) चुंबकीयक्षेत्र

(सी) दोनों (ए) और (बी)

(डी) न तो (ए) और न ही (बी)

18. निम्नलिखित में से कौन सा सर्किट तत्व सर्किट में बदलाव का विरोध करेगा
वर्तमान ?

(ए) समाई

(बी) अधिष्ठापन

(सी) प्रतिरोध

(D। उपरोक्त सभी

19. विशुद्ध रूप से आगमनात्मक परिपथ के लिए निम्नलिखित में से कौन सा सत्य है ?

(ए) स्पष्ट शक्ति शून्य है

(बी) सापेक्ष शक्ति है। शून्य

(सी) सर्किटकीवास्तविकशक्तिशून्यहै

(डी) सर्किट में मौजूद होने पर भी कोई कैपेसिटेंस चार्ज नहीं किया जाएगा

20. निम्नलिखित में से कौन अधिष्ठापन की इकाई है?

(ए) ओहमो

(बी) हेनरी

(सी) एम्पीयर बदल जाता है

(डी) वेबर्स / मीटर

21. अधिष्ठापन 4H की कुण्डली में 16 वोल्ट का विद्युत वाहक बल प्रेरित होता है। परिवर्तन की दर

वर्तमान का होना चाहिए

(ए) 64 ए / एस

(बी) 32 ए / एस

(सी) 16 ए / एस

(डी) 4 ए / एस

22. एक कुंडल के क्रोड की लंबाई 200 मिमी है। कुंडल का अधिष्ठापन 6 mH है। यदि कोर की लंबाई दोगुनी हो जाती है, अन्य सभी मात्राएं समान रहती हैं,

अधिष्ठापन होगा

(ए) 3 एमएच

(बी) 12 एमएच

(सी) 24 एमएच

(डी) 48 एमएच

23. दो कुंडलियों के स्वप्रेरकत्व 8 mH और 18 mH हैं। यदि के गुणांक

युग्मन 0.5 है, कुंडलियों का पारस्परिक अधिष्ठापन है

(ए) 4 एमएच

(बी) 5 एमएच

(सी) 6 एमएच

(डी) 12 एमएच

24. दो कुंडलियों में 8 mH और 18 mH का अधिष्ठापन और युग्मन का एक गुणांक है 0.5 का। यदि दो कुंडलियों को श्रृंखला सहायता में जोड़ा जाता है, तो कुल अधिष्ठापन होगा

(ए) 32 एमएच

(बी) 38 एमएच

(सी) 40 एमएच

(डी) 48 एमएच

25. एक 200 टर्न कॉइल में 12 mH का इंडक्शन होता है। यदि फेरों की संख्या है 400 मोड़ तक बढ़ गया, अन्य सभी मात्राएँ (क्षेत्र, लंबाई आदि) समान रहीं, अधिष्ठापन होगा

(ए) 6 एमएच

(बी) 14 एमएच

(सी) 24 एमएच

(डी) 48 एमएच

26. दो कॉइल में 10 एच और 2 एच के स्व-प्रेरकत्व होते हैं, पारस्परिक अधिष्ठापन शून्य। यदि दो कुंडलियों को श्रेणीक्रम में जोड़ा जाता है, तो कुल अधिष्ठापन होगा

(ए) 6 एच

(बी) 8 एच

(सी) 12 एच

(डी) 24 एच

27. यदि कॉइल 1 में करंट से सभी फ्लक्स कॉइल 2 से जुड़ते हैं, तो सह-कुशल युग्मन का होगा

(ए) 2.0

(बी) 1.0

(सी) 0.5

(डी) शून्य

28. नगण्य प्रतिरोध वाली एक कुण्डली में 10 mA के साथ 50V है। आगमनात्मक प्रतिक्रिया है

(ए) 50 ओम

(बी) 500 ओम

(सी) 1000 ओम

(डी) 5000 ओम

29. 2 मीटर लंबा एक कंडक्टर फ्लक्स के चुंबकीय क्षेत्र में समकोण पर चलता है घनत्व 1 टेस्ला 12.5 मीटर/सेकेंड के वेग के साथ। कंडक्टर में प्रेरित ईएमएफ होगा होना

(ए) 10 वी

(6) 15 वी

(सी) 25V

(डी) 50 वी

30. लेन्ज का नियम किसके संरक्षण के नियम का परिणाम है?

(ए) प्रेरित वर्तमान

(बी) चार्ज

(सी) ऊर्जा

(डी) प्रेरित ईएमएफ

31. एक चालक 60° से कम के 125 ऐम्पियर धारा को 1.1 . के चुंबकीय क्षेत्र में ले जाता है

टेस्ला कंडक्टर पर बल होगा

लगभग

(ए) 50 एन

(बी) 120 एन

(सी) 240 एन

(डी) 480 एन

32. 50 एम्पीयर की धारा ले जाने वाले 3 मीटर लंबे कंडक्टर पर लगने वाले बल का पता लगाएं

0.67 टेस्ला के फ्लक्स घनत्व वाले चुंबकीय क्षेत्र के समकोण पर।

(ए) 100 एन

(बी) 400 एन

(सी) 600 एन

(डी) 1000 एन

33. दो एयर कोर कॉइल के बीच युग्मन का गुणांक निर्भर करता है

(ए) केवल दो कुंडलियों का स्व-प्रेरकत्व

(बी) केवल दो कॉइल के बीच पारस्परिक अधिष्ठापन

(सी) दोकॉइल्सकापारस्परिकअधिष्ठापनऔरस्वयंअधिष्ठापन

(डी) उपरोक्त में से कोई नहीं

34. एक 250 फेरों वाली परिनालिका में 10 V का औसत वोल्टेज प्रेरित होता है a . के परिणामस्वरूप

प्रवाह में परिवर्तन जो 0.5 सेकंड में होता है। कुल प्रवाह परिवर्तन है

(ए) 20 डब्ल्यूबी

(बी) 2 डब्ल्यूबी

(सी) 0.2 डब्ल्यूबी

(डी) 0.02 डब्ल्यूबी

35. एक 500 टर्न सोलनॉइड 60 वी का औसत प्रेरित वोल्टेज विकसित करता है। किससे अधिक

इस तरह के वोल्टेज का उत्पादन करने के लिए समय अंतराल में 0.06 Wb का फ्लक्स परिवर्तन होना चाहिए?

(ए) 0.01 एस

(बी) 0.1 एस

(सी) 0.5 एस

(डी) 5 एस

36. हल चलाने वाले प्रारंभ करनेवाला में से किसमें एडी करंट का नुकसान सबसे कम होगा?

(ए) एयरकोर

(बी) टुकड़े टुकड़े में लौह कोर

(सी) आयरन कोर

(डी) पाउडर लौह कोर

37. जब धारा 1 A/s की दर से बदलती है तो एक कुण्डली 350 mV प्रेरित करती है।

अधिष्ठापन का मूल्य है

(ए) 3500 एमएच

(बी) 350 एमएच

(सी) 250 एमएच

(डी) 150 एमएच

38. परस्पर युग्मन के बिना श्रृंखला में दो 300 uH कॉइल का कुल अधिष्ठापन है

(ए) 300 यूएच

(बी) 600 यूएच

(सी) 150 यूएच

(डी) 75 यूएच

39. एक सेकण्ड में 8 A से 12 A में परिवर्तित होने वाली धारा एक कुण्डली में 20 वोल्ट प्रेरित करती है।

अधिष्ठापन का मान है

(ए) 5 एमएच

(बी) 10 एमएच

(सी) 5 एच

(डी) 10 एच

40. कौन सा सर्किट तत्व सर्किट करंट में बदलाव का विरोध करेगा?

(ए) केवल प्रतिरोध

(बी) केवलअधिष्ठापन

(सी) केवल समाई

(डी) अधिष्ठापन और समाई

41. एक प्रारंभ करनेवाला के चुंबकीय पथ में दरार का परिणाम होगा

(ए) अपरिवर्तित अधिष्ठापन

(बी) अधिष्ठापन में वृद्धि

(सी) शून्य अधिष्ठापन

(डी) कमअधिष्ठापन

42. लोहे की कोर पर एक कुंडल घाव है जो वर्तमान I को वहन करता है। स्व-प्रेरित वोल्टेज

कुंडल में से प्रभावित नहीं होता है

(ए) कॉइल करंट में भिन्नता

(बी) कॉइलमेंवोल्टेजमेंभिन्नता

(सी) कुंडल के घुमावों की संख्या में परिवर्तन

(डी) चुंबकीय पथ का प्रतिरोध

1. आमतौर पर चुंबकीय परिपथों में एक वायु अंतराल डाला जाता है

(ए) एमएमएफ . बढ़ाएं

(बी) प्रवाह में वृद्धि

(सी) संतृप्तिकोरोकें

(डी) उपरोक्त में से कोई नहीं

2. लौहचुम्बकीय पदार्थ की आपेक्षिक पारगम्यता है

(ए) एक से कम

(बी) एक से अधिक

(सी) 10 . से अधिक

(डी) 100 सेअधिकया 1000

3. चुंबकीय फ्लक्स की इकाई है

(ए) हेनरी

(बी) वेबर

(सी) एम्पीयरटर्न / वेबर

(डी) एम्पीयर / मीटर

4. चुंबकीय परिपथ में पारगम्यता विद्युत परिपथ में _______ से मेल खाती है।

(ए) प्रतिरोध

(बी) प्रतिरोधकता

(सी) चालकता

(डी) चालन

5. गलत कथन को इंगित करें।

विद्युत मशीनों में चुंबकीय रिसाव अवांछनीय है क्योंकि यह

(ए) <u>उनकीशक्तिदक्षताकोकमकरताहै</u>

(बी) निर्माण की उनकी लागत को बढ़ाता है

(सी) उनके बढ़े हुए वजन की ओर जाता है

(डी) फ्रिंजिंग पैदा करता है

6. निर्वात की सापेक्ष पारगम्यता है

(ए) <u>1</u>

(बी) 1 एच / एम

(सी) 1/4JI

(डी) 4एन एक्स 10-' एच/एम

7. स्थायी चुम्बक सामान्यतः के बने होते हैं

(ए) <u>अलनिकोमिश्रधातु</u>

(बी) एल्यूमीनियम

(सी) कच्चा लोहा

(डी) गढ़ा लोहा

8. किसी कुण्डली की धारा में प्रतिशत वृद्धि करने पर उसकी संचित ऊर्जा दुगनी हो जाती है।

(ए) 25

(बी) 50

(सी) <u>41.4</u>

(डी) 100

9. आर्मेचर और ट्रांसफॉर्मर बनाने के लिए वे चुंबकीय सामग्री सबसे उपयुक्त हैं
कोर जिनमें ____पारगम्यता और __________ हिस्टैरिसीस हानि होती है।

(ए) उच्च, उच्च

(बी) कम, उच्च

(सी) <u>उच्च, निम्न</u>

(डी) कम, कम

10. आगमनात्मक कुण्डली से धारा के उदय की दर अधिकतम होती है

(ए) इसके अधिकतम स्थिर मूल्य के 63.2% पर

(बी) <u>वर्तमानप्रवाहकीशुरुआतमें</u>

(सी) एक बार स्थिर होने के बाद

(डी) वर्तमान के अंतिम अधिकतम मूल्य के करीब

11. जब किसी कुण्डली के प्रेरकत्व और प्रतिरोध दोनों को का मान दोगुना कर दिया जाता है

(ए) समयस्थिरअपरिवर्तितरहताहै

(बी) वर्तमान की वृद्धि की प्रारंभिक दर दोगुनी है

(सी) अंतिम स्थिर धारा दोगुनी हो जाती है

(डी) समय स्थिर आधा है

12. अधिष्ठापन की कुंडली के माध्यम से धारा के उदय की प्रारंभिक दर 10 एच जब अचानक 200 वी की डीसी आपूर्ति से जुड़ा है________Vs

(ए) 50

(बी) 20

(सी) 0.05

(डी) 500

13. अच्छी चुंबकीय स्मृति के लिए एक सामग्री होनी चाहिए

(ए) कम हिस्टैरिसीस नुकसान

(बी) उच्च पारगम्यता

(सी) कम प्रतिधारण

(डी) उच्चप्रतिधारण

14. चालकता के अनुरूप है

(ए) प्रतिधारण

(बी) प्रतिरोधकता

(सी) पारगम्यता

(डी) अधिष्ठापन

15. चुंबकीय पदार्थ में हिस्टैरिसीस हानि मुख्यतः किसके कारण होती है?

(ए) इसके चुंबकीयकरण के तेजी से उलट

(बी) चुंबकीय बल से पीछे प्रवाह घनत्व

(सी) आणविक घर्षण

(डी) यहउच्चप्रतिधारण

16. वे पदार्थ स्थायी चुम्बक बनाने के लिए उपयुक्त होते हैं जिनमें ______ प्रतिधारण और ________ जबरदस्ती।

(ए) कम, उच्च

(बी) उच्च, उच्च

(सी) उच्च, निम्न

(डी) कम, कम

17. यदि किसी पदार्थ के हिस्टैरिसीस लूप का क्षेत्रफल बड़ा है, तो इसमें हिस्टैरिसीस हानि होती है

सामग्री होगी

(ए) शून्य

(बी) छोटा

(सी) बड़े

(डी) उपरोक्त में से कोई नहीं

18. कठोर स्टील स्थायी चुम्बक बनाने के लिए उपयुक्त है क्योंकि

(ए) इसमेंअच्छाअवशिष्टचुंबकत्वहै

(बी) इसके हिस्टैरिसीस लूप का क्षेत्रफल बड़ा है

(सी) इसकी यांत्रिक शक्ति अधिक है

(डी) इसकी यांत्रिक शक्ति कम है

19. विद्युत मशीनों में सिलिकॉन स्टील का उपयोग किया जाता है क्योंकि इसमें

(ए) कम जबरदस्ती

(बी) कम प्रतिधारण

(सी) कमहिस्टैरिसीसनुकसान

(डी) उच्च जबरदस्ती

20. चालकता के अनुरूप है

(ए) पारगम्यता

(बी) अनिच्छा

(सी) प्रवाह

(डी) अधिष्ठापन

21. किसी पदार्थ का वह गुण जो उसमें चुंबकीय फ्लक्स के निर्माण का विरोध करता है, है

जाना जाता है

(ए) अनिच्छा

(बी) मैग्नेटोमोटिव बल

(सी) पारगम्यता

(डी) अनिच्छा

22. प्रतिधारण की इकाई है

(ए) वेबर

(बी) वेबर / वर्ग।एम

(सी) एम्पीयर टर्न/मीटर

(डी) एम्पीयर टर्न

23. अनिच्छा का पारस्परिक है

(ए) अनिच्छा

(बी) पारगम्यता

(सी) पारगम्यता

(डी) संवेदनशीलता

24. चुंबकीय और विद्युत परिपथों की तुलना करते समय, चुंबकीय परिपथ का फ्लक्स होता है

विद्युत परिपथ के किस पैरामीटर से तुलना की जाती है?

(ए) ईएमएफ

(बी) वर्तमान

(सी) वर्तमान घनत्व

(डी) चालकता

25. अनिच्छा की इकाई है

(ए) मीटर / हेनरी

(बी) हेनरी / मीटर

(सी) हेनरी

(डी) 1 / हेनरी

26. एक फेराइट कोर में लोहे के कोर की तुलना में कम एडी करंट लॉस होता है क्योंकि

(ए) फेराइट्समेंउच्चप्रतिरोधहोताहै

(बी) फेराइट चुंबकीय हैं

(सी) फेराइट्स में कम पारगम्यता है

(डी) फेराइट्स में उच्च हिस्टैरिसीस है

27. हिस्टैरिसीस हानि कम से कम किस पर निर्भर करती है?

(ए) सामग्री की मात्रा

(बी) आवृत्ति

(सी) सामग्री के स्टीनमेट्ज़ गुणांक

(डी) परिवेशकातापमान

28. विद्युत मशीनों में टुकड़े टुकड़े वाले कोर का उपयोग कम करने के लिए किया जाता है

(ए) तांबे की हानि

(बी) एडीवर्तमाननुकसान

(सी) हिस्टैरिसीस नुकसान

(D। उपरोक्त सभी

1. एक अर्धचालक .... बांडों द्वारा बनता है।

ए] सहसंयोजक

बी] इलेक्ट्रोवैलेंट

सी] समन्वय

डी] उपरोक्त में से कोई नहीं

2. एक अर्धचालक में प्रतिरोध का .... तापमान गुणांक होता है।

सकारात्मक

बी] शून्य

सी] नकारात्मक

डी] उपरोक्त में से कोई नहीं

3. सबसे अधिक इस्तेमाल किया जाने वाला सेमीकंडक्टर ....

ए] जर्मेनियम

बी] सिलिकॉन

सी] कार्बन

डी] सल्फर

6. एक शुद्ध सिलिकॉन की प्रतिरोधकता लगभग ....

ए] 100 ओ सेमी

बी] 6000 हेसेमी

सी] 3 x 105 ओ एम

डी] 6 x 10-8 हे सेमी

7. जब एक शुद्ध अर्धचालक को गर्म किया जाता है तो उसका प्रतिरोध ....

ए] ऊपर जाता है

बी] नीचेचलाजाताहै

सी] वही रहता है

डी] नहीं कह सकता

8. सेमीकंडक्टर क्रिस्टल की ताकत .... से आती है।

ए] नाभिकों के बीच बल

बी] प्रोटॉन के बीच बल

सी] इलेक्ट्रॉन-जोड़ीबंधन

डी] उपरोक्त में से कोई नहीं

9. जब एक शुद्ध अर्धचालक में पेंटावैलेंट अशुद्धता डाली जाती है, तो यह ....

ए] एक इन्सुलेटर

बी] एक आंतरिक अर्धचालक

सी] पी-प्रकार अर्धचालक

डी] एन-प्रकारअर्धचालक

10. अर्धचालक में पेंटावैलेंट अशुद्धता मिलाने से कई ....

ए] मुक्तइलेक्ट्रॉन

बी] छेद

सी] वैलेंस इलेक्ट्रॉन

डी] बाध्य इलेक्ट्रॉन

11. एक पेंटावैलेंट अशुद्धता में .... अणु की संयोजन क्षमता

ए] 35

बी] 4

सी] 6

12. एक n-प्रकार का अर्धचालक .... है

ए] सकारात्मक चार्ज

बी] नकारात्मक चार्ज

सी] विद्युतरूपसेतटस्थ

डी] उपरोक्त में से कोई नहीं

14. अर्धचालक में त्रिसंयोजी अशुद्धता मिलाने से अनेक .... का निर्माण होता है।

ए] छेद

बी] मुक्त इलेक्ट्रॉन

सी] वैलेंस इलेक्ट्रॉन

डी] बाध्य इलेक्ट्रॉन

15. अर्धचालक में एक छिद्र को .... के रूप में परिभाषित किया जाता है।

ए] एक मुक्त इलेक्ट्रॉन

बी] एकइलेक्ट्रॉनजोड़ीबंधनकाअधूराहिस्सा

सी] एक मुक्त प्रोटॉन

डी] एक मुक्त न्यूट्रॉन

16. एक बाह्य अर्धचालक में अशुद्धता स्तर शुद्ध अर्धचालक का लगभग ..... होता है।

ए] 108 परमाणुओं के लिए 10 परमाणु

बी] 108 परमाणुओंकेलिए 1 परमाणु

सी] 104 परमाणुओं के लिए 1 परमाणु

डी] 100 परमाणुओं के लिए 1 परमाणु

17. जैसे-जैसे शुद्ध अर्धचालक का डोपिंग बढ़ता है, अर्धचालक का थोक प्रतिरोध ....

ए] वही रहता है

बी] बढ़ता है

सी] घटताहै

डी] उपरोक्त में से कोई नहीं

18. निकट में एक छिद्र और इलेक्ट्रॉन .... की ओर प्रवृत्त होंगे।

ए] एक दूसरे को पीछे हटाना

बी] <u>एकदूसरेकोआकर्षितकरें</u>

सी] एक दूसरे पर कोई प्रभाव नहीं है

डी] उपरोक्त में से कोई नहीं

19. एक अर्धचालक में, धारा चालन .... के कारण होता है।

ए] केवल छेद

B] केवल मुक्त इलेक्ट्रॉन

सी] <u>छेदऔरमुक्तइलेक्ट्रॉन</u>

डी] उपरोक्त में से कोई नहीं

20. थर्मल आंदोलन के कारण छिद्रों और मुक्त इलेक्ट्रॉनों की यादृच्छिक गति को .... कहा जाता है।

ए] <u>प्रसार</u>

बी] दबाव

सी] आयनीकरण

डी] उपरोक्त में से कोई नहीं

21. एक अग्रदिशिक बायस्ड pn जंक्शन डायोड में कोटि का प्रतिरोध होता है

ए] <u>ठीकहै</u>

बी] ओ

सी] एमओ

डी] उपरोक्त में से कोई नहीं

22. एक पीएन जंक्शन पूर्वाग्रह को आगे बढ़ाने के लिए आवश्यक बैटरी कनेक्शन हैं ......

A] <u>+ve टर्मिनलसे p और –ve टर्मिनलसे n . तक</u>

B] -ve टर्मिनल से p और +ve टर्मिनल से n

C] -ve टर्मिनल से p और -ve टर्मिनल से n . तक

डी] उपरोक्त में से कोई नहीं

23. जर्मेनियम के लिए pn जंक्शन पर बैरियर वोल्टेज लगभग .... के बारे में है

ए] 5 वी

बी] 3 वी

सी] शून्य

डी] <u>3 वी</u>

24. pn जंक्शन के ह्रास क्षेत्र में .... की कमी होती है।

ए] स्वीकर्ता आयन

बी] छेदऔरइलेक्ट्रॉन

सी] दाता आयन

डी] उपरोक्त में से कोई नहीं

25. एक रिवर्स बायस पीएन जंक्शन में ....

ए] संकीर्ण कमी परत

बी] लगभगकोईवर्तमाननहीं

सी] बहुत कम प्रतिरोध

डी] बड़ा वर्तमान प्रवाह

26. एक पीएन जंक्शन .... के रूप में कार्य करता है।

ए] नियंत्रित स्विच

बी] द्विदिश स्विच

सी] यूनिडायरेक्शनलस्विच

डी] उपरोक्त में से कोई नहीं

27. एक रिवर्स बायस्ड pn जंक्शन में के क्रम का प्रतिरोध होता है

ठीक

बी] ओ

सी] एमओ

डी] उपरोक्त में से कोई नहीं

28. एक pn जंक्शन के आर-पार लीकेज करंट .... के कारण होता है।

ए] अल्पसंख्यकवाहक

बी] अधिकांश वाहक

सी] जंक्शन समाई

डी] उपरोक्त में से कोई नहीं

29. जब एक बाह्य अर्धचालक का तापमान बढ़ा दिया जाता है, तो स्पष्ट प्रभाव ......

ए] जंक्शन समाई

बी] अल्पसंख्यकवाहक

सी] अधिकांश वाहक

डी] उपरोक्त में से कोई नहीं

30. एक पीएन जंक्शन के लिए आगे के पूर्वाग्रह के साथ, कमी परत की चौड़ाई ....

ए] घटताहै

बी] बढ़ता है

सी] वही रहता है

डी] उपरोक्त में से कोई नहीं

31. एक pn जंक्शन में लीकेज करंट के क्रम का है

ए] आ

बी] एमए

सी] केए

डी] μA

32. एक आंतरिक अर्धचालक में, मुक्त इलेक्ट्रॉनों की संख्या ....

ए] छिद्रोंकीसंख्याकेबराबरहोतीहै

बी] छिद्रों की संख्या से अधिक है

C] छिद्रों की संख्या से कम है

डी] उपरोक्त में से कोई नहीं

33. कमरे के तापमान पर, एक आंतरिक अर्धचालक में ....

ए] केवल कई छेद

B] कुछमुक्तइलेक्ट्रॉनऔरछिद्र

C] केवल कई मुक्त इलेक्ट्रॉन

डी] कोई छेद या मुक्त इलेक्ट्रॉन नहीं

34. पूर्ण तापमान पर, एक आंतरिक अर्धचालक में ....

ए] कुछ मुक्त इलेक्ट्रॉन

बी] कई छेद

सी] कई मुक्त इलेक्ट्रॉन

डी] कोईछेदयामुक्तइलेक्ट्रॉननहीं

35. कमरे के तापमान पर, एक आंतरिक सिलिकॉन क्रिस्टल लगभग ...... के रूप में कार्य करता है

ए] एक बैटरी

बी] एक कंडक्टर

सी] एकइन्सुलेटर

डी] तांबे के तार का एक टुकड़ा

1. एक ट्रांजिस्टर में ....

ए] एक पीएन जंक्शन

बी] दोपीएनजंक्शन

सी] तीन पीएन जंक्शन

डी] चार पीएन जंक्शन

2. एक ट्रांजिस्टर में रिक्तीकरण परतों की संख्या ....

ए] चार

बी] तीन

सी] एक

डी] दो
3. ट्रांजिस्टर का आधार .... डोपेड होता है
ए] भारी
बी] मध्यम
सी] हल्केसे
डी] उपरोक्त में से कोई नहीं
4. ट्रांजिस्टर में सबसे बड़ा आकार वाला तत्व ....
ए] कलेक्टर
बी] आधार
सी] उत्सर्जक
डी] कलेक्टर-बेस-जंक्शन
5. एक pnp ट्रांजिस्टर में, करंट कैरियर्स .... होते हैं।
ए] स्वीकर्ता आयन
बी] दाता आयन
सी] मुक्त इलेक्ट्रॉन
डी] छेद
6. ट्रांजिस्टर का संग्राहक .... डाल दिया गया
ए] भारी
बी] मध्यम
सी] हल्के से
डी] उपरोक्त में से कोई नहीं
7. ट्रांजिस्टर एक .... संचालित उपकरण है
ए] वर्तमान
बी] वोल्टेज
सी] वोल्टेज और करंट दोनों
डी] उपरोक्त में से कोई नहीं
8. एनपीएन ट्रांजिस्टर में .... अल्पसंख्यक वाहक हैं
ए] मुक्त इलेक्ट्रॉन
बी] छेद
सी] दाता आयन
डी] स्वीकर्ता आयन
9. एक ट्रांजिस्टर का उत्सर्जक .... डोपेड होता है
ए] हल्के से
बी] भारी

सी] मध्यम

डी] उपरोक्त में से कोई नहीं

10. एक ट्रांजिस्टर में, बेस करंट उत्सर्जक धारा का लगभग .... होता है

ए] 25%

बी] 20%

सी] 35%

डी] <u>5%</u>

11. एक ट्रांजिस्टर के बेस-एमिटर जंक्शनों पर, कोई .... पाता है

ए] एक रिवर्स पूर्वाग्रह

बी] एक विस्तृत कमी परत

सी] <u>कमप्रतिरोध</u>

डी] उपरोक्त में से कोई नहीं

12. एक ट्रांजिस्टर का इनपुट प्रतिबाधा ....

ऊंचा

बी] <u>कम</u>

सी] बहुत ऊंचा

डी] लगभग शून्य

13. अधिकांश बहुसंख्यक वाहक उत्सर्जक से ....

ए] आधार में पुनर्संयोजन

बी] उत्सर्जक में पुनर्संयोजन

सी] <u>आधारक्षेत्रसेकलेक्टरकेपासजाएं</u>

डी] उपरोक्त में से कोई नहीं

14. वर्तमान आईबी .... है

ए] <u>इलेक्ट्रॉनवर्तमान</u>

बी] होल करंट

सी] दाता आयन वर्तमान

डी] स्वीकर्ता आयन करंट

15. एक ट्रांजिस्टर में ....

ए] आईसी = आईई + आईबी

बी] आईबी = आईसी + आईई

सी] आईई = आईसी - आईबी

डी] <u>आईई = आईसी + आईबी</u>

16. एक ट्रांजिस्टर का मान .... है।

ए] 1 . से अधिक

बी] 1 . सेकम

सी] 1

डी] उपरोक्त में से कोई नहीं

17. आईसी = एआईई + ...।

ए] आईबी

बी] आईसीईओ

सी] आईसीबीओ

डी] आईबी

18. एक ट्रांजिस्टर का आउटपुट प्रतिबाधा .... है।

ए] उच्च

बी] शून्य

सी] कम

डी] बहुत कम

19. एक टैन्सिस्टर में, IC = 100 mA और IE = 100.2 mA। का मान ....

ए] 100

बी] 50

सी] लगभग 1

डी] 200

20. एक ट्रांजिस्टर में यदि = 100 और संग्राहक धारा 10 mA है, तो IE है ....

ए] 100 एमए

बी] 100.1 एमए

सी] 110 एमए

डी] उपरोक्त में से कोई नहीं

21. और a के बीच संबंध ....

ए] = 1 / (1 - ए)

बी] = (1 - ए) / ए

सी] = ए / (1 - ए)

डी] = ए / (1 + ए)

22. एक ट्रांजिस्टर के लिए का मान सामान्यतः .... होता है।

ए] 1 से कम 1

बी] 20 और 500 . के बीच

सी] 500 . सेऊपर

23. सबसे अधिक इस्तेमाल की जाने वाली ट्रांजिस्टर व्यवस्था .... व्यवस्था है

ए] आमउत्सर्जक
बी] आम आधार
सी] आम कलेक्टर
डी] उपरोक्त में से कोई नहीं
24. .... व्यवस्था में जुड़े ट्रांजिस्टर का इनपुट प्रतिबाधा उच्चतम है
ए] आम उत्सर्जक
बी] आमकलेक्टर
सी] आम आधार
डी] उपरोक्त में से कोई नहीं
25. .... में जुड़े ट्रांजिस्टर का आउटपुट प्रतिबाधा।
ए] व्यवस्था उच्चतम है
बी] आम उत्सर्जक
सी] आमकलेक्टर
डी] आम आधार
इनमे से कोई भी नहीं
26. इनपुट और आउटपुट वोल्टेज के बीच चरण अंतर a
सामान्य आधार व्यवस्था ....
ए] 180o
बी] 90o
सी] 270o
डी] 0o
27. .... में जुड़े ट्रांजिस्टर में शक्ति लाभ। व्यवस्था सर्वोच्च है
ए] आमउत्सर्जक
बी] आम आधार
सी] आम कलेक्टर
डी] उपरोक्त में से कोई नहीं
28. a . के इनपुट और आउटपुट वोल्टेज के बीच चरण अंतर
उभयनिष्ठ उत्सर्जक व्यवस्था में जुड़ा ट्रांजिस्टर ....
ए] 0o
बी] 180o
सी] 90o
डी] 270o
29. .... में जुड़े ट्रांजिस्टर में वोल्टेज लाभ। व्यवस्था सर्वोच्च है
ए] आम आधार

बी] आम कलेक्टर

सी] आमउत्सर्जक

डी] उपरोक्त में से कोई नहीं

30. जैसे ही ट्रांजिस्टर का तापमान बढ़ता है, बेस-एमिटर प्रतिरोध ....

ए] घटताहै

बी] बढ़ता है

सी] वही रहता है

डी] उपरोक्त में से कोई नहीं

31. आम संग्राहक में जुड़े ट्रांजिस्टर का वोल्टेज लाभ

ए] व्यवस्था है ....

बी] 1 . के बराबर

सी] 10 . से अधिक

डी] 100 सेअधिक 1 सेकम

32. सामान्य संग्राहक व्यवस्था में जुड़े ट्रांजिस्टर के इनपुट और आउटपुट वोल्टेज के बीच चरण अंतर .... है

ए] 180o

बी] 0o

सी] 90o

डी] 270o

33. आईसी = आईबी + ...

ए] आईसीबीओ

बी] आईसी

सी] आईसीईओ

डी] एआईई

34. आईसी = [ए / (1 - ए)] आईबी + ...।

ए] आईसीईओ

बी] आईसीबीओ

सी] आईसी

डी] (1 - ए) आईबी

35. आईसी = [ए / (1 - ए)] आईबी + [........ / (1 - ए)]

ए] आईसीबीओ

बी] आईसीईओ

सी] आईसी

मरना

36. ईसा पूर्व 147 ट्रांजिस्टर इंगित करता है कि यह .... का बना है।

ए] जर्मेनियम

बी] <u>सिलिकॉन</u>

सी] कार्बन

डी] उपरोक्त में से कोई नहीं

37. ICEO = (.........) ICBO

ए] ß1

बी] + ए

सी] <u>1 +</u>

डी] उपरोक्त में से कोई नहीं

38. सीबी मोड में एक ट्रांजिस्टर जुड़ा हुआ है। यदि यह समान बायस वोल्टेज के साथ CE मोड में कनेक्ट नहीं है, तो IE, IB और IC के मान .... होंगे।

ए] <u>वहीरहें</u>

बी] वृद्धि

सी] कमी

डी] उपरोक्त में से कोई नहीं

39. यदि a का मान 0.9 है, तो का मान ....

ए] 9

बी] 0.9

सी] 900

डी] <u>90</u>

40. एक ट्रांजिस्टर में, सिग्नल को .... सर्किट से स्थानांतरित किया जाता है

ए] कम प्रतिरोध के लिए उच्च प्रतिरोध

बी] <u>उच्चप्रतिरोधकेलिएकमप्रतिरोध</u>

सी] उच्च प्रतिरोध के लिए उच्च प्रतिरोध

डी] कम प्रतिरोध के लिए कम प्रतिरोध

41. एक ट्रांजिस्टर के प्रतीक में तीर दिशा को इंगित करता है
का ....|

A] उत्सर्जक में इलेक्ट्रॉन धारा

B] संग्राहक में इलेक्ट्रॉन धारा

C] <u>एमिटरमेंहोलकरंट</u>

डी] दाता आयन वर्तमान

42. CE व्यवस्था में लीकेज करंट .... होता है। कि सीबी व्यवस्था में

ए] <u>सेअधिक</u>

बी] से कम

सी] के समान

डी] उपरोक्त में से कोई नहीं

43. एक ताप सिंक का प्रयोग आमतौर पर ट्रांजिस्टर के साथ .... के लिए किया जाता है।

ए] आगे की धारा बढ़ाएं

बी] आगे की धारा को कम करें

सी] अत्यधिक डोपिंग के लिए क्षतिपूर्ति

डी] अत्यधिकतापमानवृद्धिकोरोकें

44. a . के निर्माण में सबसे अधिक इस्तेमाल किया जाने वाला अर्धचालक ट्रांजिस्टर ....

ए] जर्मेनियम

बी] सिलिकॉन

सी] कार्बन

डी] उपरोक्त में से कोई नहीं

45. ट्रांजिस्टर में कलेक्टर-बेस जंक्शन में .... होता है।

ए] हर समय आगे का पूर्वाग्रह

बी] हरसमयरिवर्सबायस

सी] कम प्रतिरोध

डी] उपरोक्त में से कोई नहीं

1. एक ट्यून्ड एम्पलीफायर .... का उपयोग करता है। भार

ए] प्रतिरोधी

बी] कैपेसिटिव

सी] एलसीटैंक

डी] आगमनात्मक

2. एक ट्यून्ड एम्पलीफायर आमतौर पर .... में संचालित होता है। संचालन

ए] कक्षा ए

बी] कक्षासी

सी] कक्षा बी

डी] उपरोक्त में से कोई नहीं

3. ट्यून्ड एम्पलीफायर का उपयोग .... अनुप्रयोगों में किया जाता है

ए] रेडियोफ्रीक्वेंसी

बी] कम आवृत्ति

सी] ऑडियो आवृत्ति

डी] उपरोक्त में से कोई नहीं

4. .... kHz से ऊपर की आवृत्तियों को रेडियो फ्रीक्वेंसी कहा जाता है

ए] 21

बी] 0

सी] 50

डी] 200

6. एक ट्यून्ड एम्पलीफायर का वोल्टेज लाभ .... है। गुंजयमान आवृत्ति पर कम से कम

बी] अधिकतम

सी] अधिकतम और न्यूनतम के बीच आधा रास्ता

डी] शून्य

7. समानांतर अनुनाद पर, रेखा धारा .... है।

ए] न्यूनतम

बी] अधिकतम

सी] काफी बड़ा

डी] उपरोक्त में से कोई नहीं

8. श्रृंखला अनुनाद पर, सर्किट .... प्रतिबाधा प्रदान करता है

ए] शून्य

बी] अधिकतम

सी] न्यूनतम

डी] उपरोक्त में से कोई नहीं

9. एक गुंजयमान सर्किट में .... तत्व होते हैं

ए] आर और एल केवल

बी] आर और सी केवल

सी] केवल आर

डी] एलऔरसी

10. श्रृंखला या समानांतर अनुनाद पर, सर्किट .... लोड के रूप में व्यवहार करता है

ए] कैपेसिटिव

बी] प्रतिरोधी

सी] आगमनात्मक

डी] उपरोक्त में से कोई नहीं

11. श्रेणी अनुनाद पर, L के सिरों पर वोल्टेज .... है। सी भर में वोल्टेज

A] चरण to . केबराबरलेकिनविपरीत

बी] के बराबर लेकिन चरण में

सी] से बड़ा लेकिन चरण के साथ

डी] से कम लेकिन चरण के साथ

12. जब या तो L या C को बढ़ाया जाता है, LC परिपथ की गुंजयमान आवृत्ति ....

ए] वही रहता है

बी] बढ़ता है

सी] घटताहै

डी] अपर्याप्त डेटा

13. समानांतर अनुनाद पर, नेट रिएक्टिव कंपोनेंट सर्किट करंट ....

ए] कैपेसिटिव

बी] शून्य

सी] आगमनात्मक

डी] उपरोक्त में से कोई नहीं

14. समानांतर अनुनाद में, परिपथ प्रतिबाधा .... है।

ए] सी/एलआर

बी] आर / एलसी

सी] सीआर / एल

डी] एल/सीआर

15. एक समानांतर एलसी सर्किट में, यदि इनपुट सिग्नल की आवृत्ति गुंजयमान आवृत्ति से ऊपर बढ़ जाती है तो ....

ए] एक्सएलबढ़ताहैऔरएक्ससीघटताहै

B] XL घटता है और XC बढ़ता है

सी] एक्सएल और एक्ससी दोनों बढ़ते हैं

D] XL और XC दोनों घटते हैं

16. एक LC परिपथ का Q .... द्वारा दिया जाता है।

ए] 2pfr x आर

बी] आर / 2pfrL

सी] 2pfrL / आर

डी] R2/2pfrL

17. यदि किसी LC परिपथ का Q बढ़ता है, तो बैंडविड्थ ....

ए] बढ़ता है

बी] घटताहै

सी] वही रहता है

डी] अपर्याप्त डेटा

18. श्रेणी अनुनाद पर, परिपथ धारा का शुद्ध प्रतिक्रियाशील घटक .... है।

ए] शून्य

बी] आगमनात्मक

सी] कैपेसिटिव

डी] उपरोक्त में से कोई नहीं

19. एल/सीआर के आयाम .... के हैं।

ए] फैराडो

बी] हेनरी

सी] ओहमो

डी] उपरोक्त में से कोई नहीं

20. यदि समानांतर एलसी सर्किट का एल/सी अनुपात बढ़ाया जाता है, तो सर्किट का क्यू ....

ए] कम हो गया है

बी] बढ़गयाहै

सी] वही रहता है

डी] उपरोक्त में से कोई नहीं

21. श्रेणी अनुनाद पर, अनुप्रयुक्त वोल्टेज और परिपथ के बीच का चरण कोण .... है।

ए] 90o

बी] 180o

सी] 0o

डी] उपरोक्त में से कोई नहीं

22. समानांतर अनुनाद पर, अनुपात एल/सी .... है।

ए] बहुतबड़ा

बी] शून्य

सी] छोटा

डी] उपरोक्त में से कोई नहीं

23. यदि किसी ट्यून किए गए परिपथ का प्रतिरोध बढ़ा दिया जाए, तो परिपथ का Q ....

ए] बढ़ा हुआ है

बी] कमहोगयाहै

सी] वही रहता है

डी] उपरोक्त में से कोई नहीं

24. एक ट्यूनेड सर्किट का क्यू .... की संपत्ति को संदर्भित करता है।

ए] संवेदनशीलता

बी] निष्ठा

सी] चयनात्मकता

डी] उपरोक्त में से कोई नहीं

25. समानांतर अनुनाद पर, लागू वोल्टेज और सर्किट वर्तमान के बीच चरण कोण .... है।

ए] 90o

बी] 180o

सी] 0o

डी] उपरोक्त में से कोई नहीं

26. एक समान्तर LC परिपथ में, यदि संकेत आवृत्ति को गुंजयमान आवृत्ति से कम कर दिया जाता है, तो ....

A] XL घटताहैऔर XC बढ़ताहै

B] XL बढ़ता है और XC घटता है

C] लाइन करंट न्यूनतम हो जाता है

डी] उपरोक्त में से कोई नहीं

27. श्रंखला अनुनाद में ....

ए] वोल्टेजप्रवर्धन

बी] वर्तमान प्रवर्धन

सी] वोल्टेज और वर्तमान प्रवर्धन दोनों

डी] उपरोक्त में से कोई नहीं

28. एक ट्यून्ड एम्पलीफायर का क्यू आम तौर पर .... है।

ए] 5 . से कम

बी] 10 . से कम

सी] 10 . सेअधिक

डी] उपरोक्त में से कोई नहीं

29. एक ट्यून्ड एम्पलीफायर का क्यू 50 है। यदि एम्पलीफायर के लिए गुंजयमान आवृत्ति 1000kHZ है, तो बैंडविड्थ .... है।

ए] 10kHz

बी] 40 किलोहर्ट्ज़

सी] 30 किलोहर्ट्ज़

डी] 20 किलोहर्ट्ज़

30. उपरोक्त प्रश्न में, कट-ऑफ आवृत्तियों के मान क्या हैं?

ए] 140 किलोहर्ट्ज़, 60 किलोहर्ट्ज़

बी] 1020 किलोहर्ट्ज़, 980 किलोहर्ट्ज़

सी] 1030 किलोहर्ट्ज़, 970 किलोहर्ट्ज़

डी] उपरोक्त में से कोई नहीं

31. गुंजयमान आवृत्ति के ऊपर आवृत्तियों के लिए, एक समानांतर एलसी सर्किट एक .... के रूप में व्यवहार करता है। भार

ए] कैपेसिटिव

बी] प्रतिरोधी

सी] आगमनात्मक

डी] उपरोक्त में से कोई नहीं

32. समानांतर अनुनाद में ....

ए] वोल्टेज और वर्तमान प्रवर्धन दोनों

बी] वोल्टेज प्रवर्धन

सी] वर्तमानप्रवर्धन

डी] उपरोक्त में से कोई नहीं

33. गुंजयमान आवृत्ति से कम आवृत्तियों के लिए, एक श्रृंखला एलसी सर्किट एक .... भार के रूप में व्यवहार करता है

ए] प्रतिरोधी

बी] कैपेसिटिव

सी] आगमनात्मक

डी] उपरोक्त में से कोई नहीं

34. यदि उच्च स्तर की चयनात्मकता वांछित है, तो डबल-ट्यून सर्किट में .... होना चाहिए। युग्मन

ए] ढीला

बी] तंग

सी] गंभीर

डी] उपरोक्त में से कोई नहीं

35. डबल ट्यूनेड सर्किट में, यदि दो ट्यून किए गए सर्किट के बीच पारस्परिक अधिष्ठापन कम हो जाता है, तो अनुनाद वक्र का स्तर ....

ए] वही रहता है

बी] उतारा है

सी] उठायाहै

डी] उपरोक्त में से कोई नहीं

36. गुंजयमान आवृत्ति के ऊपर आवृत्तियों के लिए, एक श्रृंखला एलसी सर्किट एक .... लोड के रूप में व्यवहार करता है

ए] प्रतिरोधी

बी] आगमनात्मक

सी] कैपेसिटिव

डी] उपरोक्त में से कोई नहीं

37. डबल ट्यून सर्किट का उपयोग .... में किया जाता है। एक रेडियो रिसीवर के चरण

ए] अगर

बी] ऑडियो

सी] आउटपुट

डी] उपरोक्त में से कोई नहीं

38. एक क्लास सी एम्पलीफायर हमेशा .... को चलाता है। भार

ए] एक शुद्ध प्रतिरोधी

बी] एक शुद्ध आगमनात्मक

सी] एक शुद्ध कैपेसिटिव

डी] एकगुंजयमानटैंक

39. ट्यून्ड क्लास सी एम्पलीफायरों का उपयोग .... के आरएफ सिग्नल के लिए किया जाता है।

ए] कम शक्ति

बी] उच्च शक्ति

सी] बहुत उच्च शक्ति

डी] उपरोक्तमेंसेकोईनहीं

40. गुंजयमान आवृत्ति के नीचे आवृत्तियों के लिए, एक समानांतर एलसी सर्किट .... भार के रूप में व्यवहार करता है

ए] आगमनात्मक

बी] प्रतिरोधी

सी] कैपेसिटिव

डी] उपरोक्त में से कोई नहीं

1. एक रेडियो रिसीवर में .... का प्रवर्धन होता है

ए] एक चरण

बी] दो चरण

सी] तीन चरण

डी] एकसेअधिकचरण

2. आरसी कपलिंग का उपयोग .... के लिए किया जाता है। विस्तारण
ए] वोल्टेज
बी] वर्तमान
सी] पावर
डी] उपरोक्त में से कोई नहीं
3. एक RC युग्मित एम्पलीफायर में, मध्य-आवृत्ति रेंज पर वोल्टेज लाभ ....।
ए] आवृत्ति के साथ अचानक परिवर्तन
बी] स्थिरहै
सी] आवृत्ति के साथ समान रूप से बदलता है
डी] उपरोक्त में से कोई नहीं
4. एक प्रवर्धक का आवृत्ति अनुक्रिया वक्र प्राप्त करने में ....
ए] एम्पलीफायर स्तर के आउटपुट को स्थिर रखा जाता है
बी] एम्पलीफायर आवृत्ति स्थिर रखी जाती है
सी] जेनरेटर आवृत्ति स्थिर रहती है
डी] जेनरेटरआउटपुटस्तरस्थिररहताहै
5. आरसी कपलिंग स्कीम का एक फायदा यह है कि ....अच्छा प्रतिबाधा मिलान
ए] अर्थव्यवस्था
बी] उच्चदक्षता
सी] उपरोक्त में से कोई नहीं
6. सर्वोत्तम आवृत्ति प्रतिक्रिया .... की होती है। युग्मन
ए] आरसी
बी] ट्रांसफार्मर
सी] प्रत्यक्ष
डी] उपरोक्त में से कोई नहीं
7. ट्रान्सफार्मर कपलिंग का प्रयोग .... प्रवर्धन के लिए किया जाता है
ए] पावर
बी] वोल्टेज
सी] वर्तमान
डी] उपरोक्त में से कोई नहीं
8. RC कपलिंग स्कीम में, कपलिंग कैपेसिटर CC काफी बड़ा होना चाहिए ....
ए] चरणों के बीच डीसी पास करने के लिए
बी] कमआवृत्तियोंकोकमकरनेकेलिएनहीं
सी] उच्च शक्ति को नष्ट करने के लिए
डी] उपरोक्त में से कोई नहीं

9. RC कपलिंग में कपलिंग कैपेसिटर का मान लगभग .... होता है।

ए] 100 पीएफ

बी] 0.1 μF

सी] 0.01 μF

डी] 10 μF

11. जब एक मल्टीस्टेज एम्पलीफायर डीसी सिग्नल को बढ़ाना है, तो एक को .... कपलिंग का उपयोग करना चाहिए

ए] आरसी

बी] ट्रांसफार्मर

सी] प्रत्यक्ष

डी] उपरोक्त में से कोई नहीं

12. .... युग्मन अधिकतम वोल्टेज लाभ प्रदान करता है

ए] आरसी

बी] ट्रांसफार्मर

सी] प्रत्यक्ष

डी] प्रतिबाधा

13. व्यवहार में, वोल्टेज लाभ .... को व्यक्त किया जाता है

ए] डीबी . में

B] वोल्ट में

सी] एक संख्या के रूप में

डी] उपरोक्त में से कोई नहीं

14. ट्रांसफार्मर कपलिंग उच्च दक्षता प्रदान करता है क्योंकि ....

ए] कलेक्टर वोल्टेज बढ़ाया जाता है

बी] प्रतिरोधकमहै

सी] कलेक्टर वोल्टेज नीचे ले जाया जाता है

डी] उपरोक्त में से कोई नहीं

15. लोड प्रतिरोध होने पर ट्रांसफार्मर कपलिंग आमतौर पर नियोजित होती है ....

एक बड़ा

बी] बहुत बड़ा

सी] छोटा

डी] उपरोक्त में से कोई नहीं

16. यदि थ्री-स्टेज एम्पलीफायर का व्यक्तिगत चरण लाभ 10 डीबी, 5 डीबी और 12 डीबी है, तो डीबी में कुल लाभ .... है।

ए] 600 डीबी

बी] 24 डीबी

सी] 14 डीबी

डी] <u>27 डीबी</u>

17. मल्टीस्टेज एम्पलीफायर का अंतिम चरण .... का उपयोग करता है

ए] आरसी कपलिंग

बी] <u>ट्रांसफार्मरयुग्मन</u>

सी] प्रत्यक्ष युग्मन

डी] प्रतिबाधा युग्मन

18. कान .... के प्रति संवेदनशील नहीं है।

ए] <u>आवृत्तिविरूपण</u>

बी] आयाम विकृति

सी] आवृत्ति के साथ-साथ आयाम विकृति

डी] उपरोक्त में से कोई नहीं

19. RC कपलिंग का उपयोग अत्यंत कम आवृत्तियों को बढ़ाने के लिए नहीं किया जाता है क्योंकि ....

ए] काफी बिजली नुकसान होता है

B] आउटपुट में hum है

C] <u>कपलिंगकैपेसिटरकाविद्युतआकारबहुतबड़ाहोजाताहै</u>

डी] उपरोक्त में से कोई नहीं

20. ट्रांजिस्टर एम्पलीफायरों में, हम .... का उपयोग करते हैं। प्रतिबाधा मिलान के लिए ट्रांसफार्मर

ए] कदम बढ़ाएं

बी] <u>नीचेकदम</u>

सी] समान मोड़ अनुपात

डी] उपरोक्त में से कोई नहीं

21. निचली और ऊपरी कट ऑफ आवृत्तियों को .... आवृत्तियां भी कहा जाता है

ए] साइडबैंड

बी] गुंजयमान

सी] अर्ध-गुंजयमान

डी] <u>अर्ध-शक्ति</u>

22. सत्ता में 1,000,000 गुना लाभ .... द्वारा व्यक्त किया जाता है।

ए] 30 डीबी

बी] <u>60 डीबी</u>

सी] 120 डीबी

डी] 600 डीबी

23. वोल्टेज में 1000 गुना का लाभ .... द्वारा व्यक्त किया जाता है।

ए] 60 डीबी

बी] 30 डीबी

सी] 120 डीबी

डी] 600 डीबी

24. 1 डीबी .... शक्ति स्तर में परिवर्तन से मेल खाती है

ए] 50%

बी] 35%

सी] 26%

डी] 22%

25. 1 डीबी .... से मेल खाती है। वोल्टेज या वर्तमान स्तर में परिवर्तन

ए] 40%

बी] 80%

सी] 20%

डी] 25%

26. ट्रांसफॉर्मर कपलिंग की आवृत्ति प्रतिक्रिया ....

एक अच्छा

बी] बहुत अच्छा

सी] उत्कृष्ट

डी] गरीब

27. एक मल्टीस्टेज एम्पलीफायर के प्रारंभिक चरणों में, हम .... का उपयोग करते हैं।

ए] आरसीकपलिंग

बी] ट्रांसफार्मर युग्मन

सी] प्रत्यक्ष युग्मन

डी] उपरोक्त में से कोई नहीं

28. एक मल्टीस्टेज एम्पलीफायर का कुल लाभ .... के कारण अलग-अलग चरणों के लाभ के उत्पाद से कम है।

ए] युग्मन डिवाइस में बिजली की कमी

बी] अगलेचरणकालोडिंगप्रभाव

C] कई ट्रांजिस्टर का उपयोग

डी] कई कैपेसिटर का उपयोग

29. एक एम्पलीफायर का लाभ db में व्यक्त किया जाता है क्योंकि ....

ए] यह एक साधारण इकाई है

बी] गणना आसान हो जाती है

सी] मानवकानप्रतिक्रियालॉगरिदमिकहै

डी] उपरोक्त में से कोई नहीं

30. यदि एक एम्पलीफायर का शक्ति स्तर आधा हो जाता है, तो डीबी लाभ ...... से गिर जाएगा।

ए] 5 डीबी

बी] 2 डीबी

सी] 10 डीबी

डी] 3 डीबी

31. 2000 का वर्तमान प्रवर्धन .... का लाभ है।

ए] 3 डीबी

बी] 66 डीबी

सी] 20 डीबी

डी] 200 डीबी

32. एक एम्पलीफायर 0.1 W इनपुट सिग्नल प्राप्त करता है और 15 W सिग्नल पावर देता है। डीबी में पावर गेन क्या है?

ए] 8 डीबी

बी] 6 डीबी

सी] 5 डीबी

डी] 4 डीबी

33. एक ऑडियो सिस्टम का पावर आउटपुट 18 W है। एक व्यक्ति को सिस्टम के आउटपुट (जोर या ध्वनि की तीव्रता) में वृद्धि को नोटिस करने के लिए, आउटपुट पावर को कितना बढ़ाया जाना चाहिए?

ए] 2 डब्ल्यू

बी] 6 डब्ल्यू

सी] 68 डब्ल्यू

डी] उपरोक्त में से कोई नहीं

34. एक माइक्रोफोन का आउटपुट -52 डीबी पर रेट किया गया है। निर्दिष्ट शर्तों के तहत संदर्भ स्तर 1V है। समान ध्वनि स्थितियों में इस माइक्रोफ़ोन का आउटपुट वोल्टेज क्या है?

ए] 5 एमवी

बी] 2 एमवी

सी] 8 एमवी

डी] 5 एमवी

35. आरसी कपलिंग आम तौर पर .... के कारण कम बिजली के अनुप्रयोगों तक ही सीमित है।

ए] युग्मन संधारित्र का बड़ा मूल्य

बी] कमदक्षता

सी] बड़ी संख्या में घटक

डी] उपरोक्त में से कोई नहीं

36. सीधे युग्मित किए जा सकने वाले चरणों की संख्या सीमित है क्योंकि ....

ए] तापमानमेंपरिवर्तनथर्मलअस्थिरताकाकारणबनताहै

बी] सर्किट भारी और महंगा हो जाता है

C] सर्किट को बायस करना मुश्किल हो जाता है

डी] उपरोक्त में से कोई नहीं

37. RC या ट्रांसफॉर्मर कपलिंग का उद्देश्य ....

ए] ब्लॉक एसी

बी] एकचरणकेपूर्वाग्रहकोदूसरेसेअलगकरें

सी] थर्मल स्थिरता बढ़ाएं

डी] उपरोक्त में से कोई नहीं

38. ऊपरी या निचली कट ऑफ आवृत्ति को ....आवृत्ति भी कहा जाता है

ए] गुंजयमान

बी] साइडबैंड

सी] 3 डीबी

डी] उपरोक्त में से कोई नहीं

39. सिंगल स्टेज एम्पलीफायर की बैंडविड्थ .... है। एक मल्टीस्टेज एम्पलीफायर का

ए] सेअधिक

बी] वही

सी] से कम

डी] डेटा अपर्याप्त

40. एक मल्टीस्टेज एम्पलीफायर में एमिटर कैपेसिटर सीई का मान लगभग .... है।

ए] 1 μF

बी] 100 पीएफ

सी] 0.01 μF

डी] 50 μF

1. एक Triac में तीन टर्मिनल होते हैं जैसे ....

1. नाली, स्रोत, गेट
2. दो मुख्य टर्मिनल और एक गेट टर्मिनल
3. कैथोड, एनोड, गेट
4. उपरोक्त में से कोई नहीं
उत्तर: 2
2. एक त्रिक दो एससीआर के बराबर है ....
1. समानांतर में
2. श्रृंखला में
3. प्रतिलोम-समानांतर में
4. उपरोक्त में से कोई नहीं
उत्तर : 3
3. एक त्रिक एक .... है। बदलना
1. द्विदिश
2. यूनिडायरेक्शनल
3. यांत्रिक
4. उपरोक्त में से कोई नहीं
उत्तर: 1
4. पहले और तीसरे चतुर्थांश में त्रिक के लिए VI विशेषताएँ
अनिवार्य रूप से .... के समान हैं। अपने पहले चतुर्थांश में
1. ट्रांजिस्टर
2. एससीआर
3. यूजेटी
4. उपरोक्त में से कोई नहीं
उत्तर: 2
5. एक त्रिक भार के माध्यम से .... के आधे चक्र के एक हिस्से को पार कर सकता है
1. केवल सकारात्मक
2. केवल नकारात्मक
3. सकारात्मक और नकारात्मक दोनों
4. उपरोक्त में से कोई नहीं
उत्तर : 3
6. एक डायक में .... टर्मिनल होते हैं
1. दो
2. तीन

3. चार
4. उपरोक्त में से कोई नहीं
उत्तर: 1
7. एक त्रिक में .... अर्धचालक परतें होती हैं
1. दो
2. तीन
3. चार
4. पांच
उत्तर : 3
8. एक डायक में .... पीएन जंक्शन होते हैं
1. चार
2. दो
3. तीन
4. उपरोक्त में से कोई नहीं
उत्तर: 2
9. जिस युक्ति में गेट टर्मिनल नहीं होता वह ....
1. त्रिक
2. एफईटी
3. एससीआर
4. डायक
उत्तर: 4
10. एक डायक में .... अर्धचालक परतें होती हैं
1. तीन
2. दो
3. चार
4. उपरोक्त में से कोई नहीं
उत्तर: 1
11. एक यूजेटी के पास ....
1. दो पीएन जंक्शन
2. एक पीएन जंक्शन
3. तीन पीएन जंक्शन
4. उपरोक्त में से कोई नहीं
उत्तर: 2
12. डायक को चालू करने का सामान्य तरीका ....

1. गेट करंट
2. गेट वोल्टेज
3. ब्रेकओवर वोल्टेज
4. उपरोक्त में से कोई नहीं

उत्तर : 3

13. एक डियाक .... है। बदलना
1. एक सी।
2. एक डीसी
3. एक यांत्रिक
4. उपरोक्त में से कोई नहीं

उत्तर: 1

14. एक UJT में, p-प्रकार का उत्सर्जक .... होता है। डाल दिया गया
1. हल्के से
2. भारी
3. मध्यम
4. उपरोक्त में से कोई नहीं

उत्तर: 2

15. पावर इलेक्ट्रॉनिक्स अनिवार्य रूप से एसी पावर के नियंत्रण से संबंधित है पर ....
1. 20 kHz से ऊपर की आवृत्तियाँ
2. 1000 kHz से ऊपर की आवृत्तियाँ
3. 10 हट्र्ज से कम आवृत्तियां
4. 50 हट्र्ज आवृत्ति

उत्तर: 4

16. जब एक UJT का उत्सर्जक टर्मिनल खुला होता है, तो प्रतिरोध बेस टर्मिनल के बीच आम तौर पर ....
1. उच्च
2. कम
3. बेहद कम
4. उपरोक्त में से कोई नहीं

उत्तर: 1

17. जब एक UJT को चालू किया जाता है, तो उत्सर्जक टर्मिनल के बीच प्रतिरोध होता है

और निचला बेस टर्मिनल ....

1. वही रहता है
2. घट गया है
3. बढ़ा हुआ है
4. उपरोक्त में से कोई नहीं
उत्तर: 2
18. UJT को चालू करने के लिए, उत्सर्जक डायोड पर अग्र बायस होना चाहिए हो .... पीक पॉइंट वोल्टेज
1. से कम
2. बराबर
3. से अधिक
4. उपरोक्त में से कोई नहीं
उत्तर : 3
19. एक यूजेटी को कभी-कभी .... कहा जाता है। डायोड
1. कम प्रतिरोध
2. उच्च प्रतिरोध
3. सिंगल-बेस
4. डबल-बेस
उत्तर: 4
20. जब तापमान बढ़ता है, तो अंतर-आधार प्रतिरोध (आरबीबी) एक UJT की ....
1. बढ़ता है
2. घटता है
3. वही रहता है
4. उपरोक्त में से कोई नहीं
उत्तर: 1
21. जब तापमान बढ़ता है, तो आंतरिक गतिरोध अनुपात ....।
1. बढ़ता है
2. घटता है
3. अनिवार्य रूप से वही रहता है
4. उपरोक्त में से कोई नहीं
उत्तर : 3
22. UJT उत्सर्जक के शिखर बिंदु और घाटी बिंदु के बीच विशेषताएँ हमारे पास हैं .... क्षेत्र
1. संतृप्ति

2. नकारात्मक प्रतिरोध
3. कट-ऑफ
4. उपरोक्त में से कोई नहीं
उत्तर: 2
24. एक डायक को .... द्वारा चालू किया जाता है
1. एक ब्रेकओवर वोल्टेज
2. गेट वोल्टेज
3. गेट करंट
4. उपरोक्त में से कोई नहीं
उत्तर: 1
25. ऋणात्मक प्रतिरोध क्षेत्र प्रदर्शित करने वाला उपकरण .... है।
1. डायक
2. त्रिक
3. ट्रांजिस्टर
4. यूजेटी
उत्तर: 4
26. यूजेटी का उपयोग .... के रूप में किया जा सकता है।
1. एम एम्पलीफायर
2. एक चूरा जनरेटर
3. एक दिष्टकारी
4. उपरोक्त में से कोई नहीं
उत्तर: 2
27. एक डियाक बस .... है
1. एक एकल जंक्शन डिवाइस
2. एक तीन जंक्शन डिवाइस
3. गेट टर्मिनल के बिना एक त्रिक
4. उपरोक्त में से कोई नहीं
उत्तर : 3
28. शिखर बिंदु के बाद, यूजेटी .... में संचालित होता है। क्षेत्र
1. कट-ऑफ
2. संतृप्ति
3. नकारात्मक प्रतिरोध
4. उपरोक्त में से कोई नहीं
उत्तर : 3

29. निम्नलिखित में से कौन UJT की विशेषता नहीं है?
1. आंतरिक गतिरोध अनुपात
2. नकारात्मक प्रतिरोध
3. पीक-पॉइंट वोल्टेज
4. द्विपक्षीय चालन
उत्तर: 4
30. त्रिक है ....
1. एक द्विदिश एससीआर की तरह
2. एक चार टर्मिनल डिवाइस
3. थाइरिस्टर नहीं
4. उत्तर (1) और (2)
उत्तर: 1
1.निम्नलिखित में से किस आधार प्रणाली में 123 एक वैध संख्या नहीं है?
(ए) बेस 10
(बी) आधार 16
(सी) बेस 8
(डी) आधार 3
2. 1 KB के स्टोरेज का मतलब बाइट्स की निम्न संख्या है
(ए) 1000
(बी)964
(सी) 1024
(डी) 1064
3. बाइनरी नंबर का ऑक्टल समतुल्य क्या है:
10111101
(ए) 675
(बी) 275
(सी) 572
(डी) 573।
4. सही कथन चुनें:
(ए) एक स्थितीय संख्या प्रणाली में, प्रत्येक प्रतीक अपनी स्थिति के बावजूद समान मूल्य का प्रतिनिधित्व करता है
(बी) सिस्टम में प्रतीकों की संख्या के बराबर मान के रूप में स्थिति संख्या प्रणाली में उच्चतम प्रतीक
(सी) सटीकबाइनरीढूंढनाहमेशासंभवनहींहोताहै

(डी) प्रत्येक हेक्साडेसिमल अंक को तीन बाइनरी प्रतीकों के अनुक्रम के रूप में दर्शाया जा सकता है।

5.(21.125)10 का बाइनरी कोड है

(ए) 10101.001

(बी) 10100.001

(सी) 10101.010

(डी) 10100.111।

6.A NAND गेट को यूनिवर्सल लॉजिक एलिमेंट कहा जाता है क्योंकि

(ए) यह सभी द्वारा उपयोग किया जाता है

(बी) किसीभीतर्कसमारोहकोअकेलेनंददद्वारद्वारामहसूसकियाजासकताहै

(सी) सभी खनन तकनीक इष्टतम नंद गेट प्राप्ति के लिए लागू हैं

(डी) कई डिजिटल कंप्यूटर नंद द्वार का उपयोग करते हैं।

7. एनालॉग कंप्यूटर की तुलना में डिजिटल कंप्यूटर अधिक व्यापक रूप से उपयोग किए जाते हैं,

क्योंकि वो है

(ए) कम खर्चीला

(बी) हमेशा अधिक सटीक और तेज

(सी) समस्याप्रकारोंकीविस्तृतश्रृंखलापरउपयोगी

(डी) बनाए रखने में आसान।

8. अधिकांश डिजिटल कंप्यूटरों में फ्लोटिंग पॉइंट हार्डवेयर नहीं होता है क्योंकि

(ए) फ्लोटिंगपॉइंटहार्डवेयरमहंगाहै

(बी) यह सॉफ्टवेयर से धीमा है

(सी) हार्डवेयर द्वारा फ्लोटिंग पॉइंट एडिशन करना संभव नहीं है

(डी) बिना किसी विशेष कारण के।

9. संख्या 1000 इसके ठीक बाद दिखाई देगी

(ए) एफएफएफएफ (हेक्स)

(बी) 1111 (बाइनरी)

(सी) 7777 (ऑक्टल)

(घ) उपरोक्तसभी।

10. (1(10101)2 is

(ए) (37)10

(बी) (69)10

(सी) (41)10

(डी) - (5)10

11. n चर द्वारा उत्पन्न किए जा सकने वाले बूलियन कार्यों की संख्या बराबर है

(ए) 2एन

(बी) 22 एन

(सी) 2n-1

(डी) - 2n

12. दो के पूरक, एक के पूरक, या चिह्न और परिमाण द्वारा छह-बिट संख्याओं के प्रतिनिधित्व पर विचार करें: पूर्णांक 011000 और 011000 के अतिरिक्त से किस प्रतिनिधित्व में अतिप्रवाह है?

(ए) केवल दो के पूरक

(बी) संकेत और परिमाण और केवल एक का पूरक

(सी) दो के पूरक और केवल एक के पूरक

(डी) सभीतीनप्रतिनिधित्व।

13. एक हेक्साडेसिमल ओडोमीटर F 52 F प्रदर्शित करता है। अगली रीडिंग होगी

(ए) एफ52ई

(बी)जी52एफ

(सी)F53F

(डी) F53O।

14. तर्क परिपथ में धनात्मक तर्क वह है जिसमें

(ए) तर्क 0 और 1 क्रमशः 0 और सकारात्मक वोल्टेज द्वारा दर्शाए जाते हैं

(बी) तर्क 0 और -1 क्रमशः नकारात्मक और सकारात्मक वोल्टेज द्वारा दर्शाए जाते हैं

(सी) तर्क 0 वोल्टेज स्तर तर्क 1 वोल्टेज स्तर से अधिक है

(डी) तर्क 0 वोल्टेजस्तरतर्क 1 वोल्टेजस्तरसेकमहै।

15. निम्न में से कौन सा गेट दो स्तरीय लॉजिक गेट है

(ए) या गेट

(बी) नंद गेट

(सी) अनन्ययागेट

(डी) गेट नहीं।

16. लॉजिक परिवारों में, 4 बिट सिंक्रोनस काउंटर में 100 मेगाहर्ट्ज से अधिक उच्च आवृत्ति पर उपयोग किया जा सकने वाला परिवार है

(ए) टीटीएलएएस

(बी) सीएमओएस

(सी) ईसीएल

(डी) टीटीएलएलएस

17. एक AND गेट OR if . के रूप में कार्य करेगा

(ए) फाटकों के लिए सभी इनपुट "1" हैं

(बी) सभी इनपुट '0' हैं

(सी) इनपुट में से कोई भी "1" है

(डी) सभीइनपुटऔरआउटपुटपूरकहैं।

18. एक OR गेट में 6 इनपुट होते हैं। इसकी सत्य तालिका में इनपुट शब्दों की संख्या है

(ए) 6

(बी) 32

(सी) 64

(डी) 128

19. एक डिबगिंग सर्किट है

(ए) एक अद्भुत एमवी

(बी) एक बस्टेबल एमवी

(सी) एककुंडी

(डी) एक मोनोस्टेबल एमवी।

20. नंद। द्वार दूसरों पर पसंद किए जाते हैं क्योंकि ये

(ए) कम निर्माण क्षेत्र है

(बी) किसीभीगेटकोबनानेकेलिएइस्तेमालकियाजासकताहै

(सी) कम से कम इलेक्ट्रॉनिक शक्ति का उपभोग करें

(डी) एक चिप में अधिकतम घनत्व प्रदान करते हैं।

21. OR गेट के मामले में, इनपुट की संख्या कितनी भी क्यों न हो, a

(ए) किसीभीइनपुटपर 1 आउटपुटकोतर्कपरहोनेकाकारणबनताहै 1

(बी) 1 किसी भी इनपुट पर आउटपुट को तर्क 0 . पर होने का कारण बनता है

(सी) 0 कोई भी इनपुट आउटपुट को तर्क 0 . पर होने का कारण बनता है

(डी) 0 किसी भी इनपुट पर आउटपुट को तर्क 1 पर होने का कारण बनता है।

22. 7400 NAND गेट का पंखा है

(ए) 2 टीटीएल

(बी) 5 टीटीएल

(सी) 8 टीटीएल

(डी) 10टीटीएल

23. अतिरिक्त -3 कोड को के रूप में जाना जाता है

(ए) भारित कोड

(बी) चक्रीय अतिरेक कोड

(सी) स्व-पूरककोड

(डी) बीजगणितीय कोड।

के24. डेटा के लिए 8 बिट, समता के लिए 1 बिट, मैं बिट शुरू करता हूं और 2 स्टॉप बिट्स मानता हूं, 1200 बीपीएस संचार लाइन संचारित कर सकने वाले वर्णों की संख्या है

(ए) 10 सीपीएस

(बी) 120 सीपीएस

(सी) 12 सीपीएस

(डी) उपरोक्त में से कोई नहीं।

1. ऊर्जा के वाणिज्यिक स्रोत हैं

(ए) सौर, पवन और बायोमास

(बी) जीवाश्मईंधन, जलविद्युतऔरपरमाणुऊर्जा

(सी) लकड़ी, पशु अपशिष्ट और कृषि अपशिष्ट

(डी) उपरोक्त में से कोई नहीं

3. भारत में सबसे बड़ा थर्मल पावर स्टेशन स्थित है

(ए) कोटा

(बी) सारनीक

(सी) चंद्रपुर

(डी) नेवेलिक

4. वायुमंडलीय वायु में भार द्वारा O2 प्रतिशत है

(ए) 18%

(बी) 23%

(सी) 77%

(डी) 79%

5. वायुमण्डलीय वायु में आयतन के अनुसार 02 प्रतिशत है

(ए) 21%

(बी) 23%

(सी) 77%

(डी) 79%

6. अपूर्ण दहन का उचित संकेत है

(ए) बाहरनिकलनेपरग्रिपगैसोंमेंउच्चसीओसामग्री

(बी) बाहर निकलने पर ग्रिप गैसों में उच्च CO2 सामग्री

(सी) ग्रिप गैसों का उच्च तापमान

(डी) चिमनी से धूम्रपान निकास

7. बायोगैस के उत्पादन का मुख्य स्रोत है

(ए) मानव अपशिष्ट

(बी) गीला गाय गोबर

(सी) गीला पशुधन अपशिष्ट

(डी) उपरोक्तसभी

8. भारत का पहला परमाणु ऊर्जा संयंत्र कहाँ स्थापित किया गया था?

(ए) तारापुर

(बी) कोटा

(सी) कलपक्कम

(डी) उपरोक्त में से कोई नहीं

9. ईंधन सेल में, _______ ऊर्जा को विद्युत ऊर्जा में परिवर्तित किया जाता है।

(ए) यांत्रिक

(बी) रासायनिक

(धोखा

(डी) ध्वनि

10. सौर तापीय विद्युत उत्पादन किसके द्वारा प्राप्त किया जा सकता है

(ए) फोकसिंग कलेक्टर या हेलीओस्टेट्स का उपयोग करना

(बी) फ्लैट प्लेट कलेक्टरों का उपयोग करना

(सी) एक सौर तालाब का उपयोग कर

(डी) उपरोक्तप्रणालीमेंसेकोईभी

51. आवेग भाप टरबाइन के मामले में

(ए) स्थिर और चलती ब्लेड में थैलेपी ड्रॉप है

(बी) केवल चलती ब्लेड में थैलेपी ड्रॉप होता है

(सी) नोजलमेंथैलेपीड्रॉपहै

(डी) उपरोक्त में से कोई नहीं

52. भाप टरबाइन के आवेग चक्र के दोनों किनारों पर दबाव

(ए) एकहीहै

(बी) अलग है

(सी) एक तरफ से दूसरी तरफ बढ़ता है

(डी) एक तरफ से दूसरी तरफ घट जाती है

53. डी लावल स्टीम टर्बाइन में

(ए) टर्बाइनरोटरमेंदबावकंडेनसरकेसमानहीहोताहै

(बी) टर्बाइन रोटर में दबाव कंडेनसर में दबाव से अधिक है

(सी) टर्बाइन रोटर में दबाव धीरे-धीरे इनलेट से बाहर निकलने के लिए कम हो जाता है कंडेनसर

(डी) उपरोक्त में से कोई नहीं

54. प्रतिक्रिया भाप टरबाइन के मामले में

(ए) फिक्स्डऔरमूविंगब्लेडदोनोंमेंथैलेपीड्रॉपहै

(बी) केवल स्थिर ब्लेड में थैलेपी ड्रॉप होता है

(सी) केवल चलती ब्लेड में थैलेपी ड्रॉप होता है

(डी) उपरोक्त में से कोई नहीं

55. कर्टिस टरबाइन है

(ए) प्रतिक्रिया भाप टरबाइन

(बी) दबाववेगमिश्रितभापटरबाइन

(सी) दबाव मिश्रित आवेग भाप टरबाइन

(डी) वेग मिश्रित आवेग भाप टरबाइन

56. रेटो स्टीम टर्बाइन है

(ए) प्रतिक्रिया भाप टरबाइन

(बी) वेग मिश्रित आवेग भाप टरबाइन

(सी) दबावमिश्रितआवेगभापटरबाइन

(डी) दबाव वेग मिश्रित भाप टरबाइन

57. पार्सन टर्बाइन है

(ए) दबाव मिश्रित भाप टरबाइन

(बी) सरल एकल पहिया, आवेग भाप टरबाइन

(सी) साधारण सिंगल व्हील रिएक्शन स्टीम टर्बाइन

(डी) बहुपहियाप्रतिक्रियाभापटरबाइन

58. पार्सन की प्रतिक्रिया भाप टरबाइन के लिए, प्रतिक्रिया की डिग्री है

(ए) 75%

(बी) 100%

(सी) 50%

(डी) 60%

59. स्टीम टर्बाइन में रीहीट फैक्टर निर्भर करता है

(ए) केवल निकास दबाव

(बी) केवल मंच दक्षता

(सी) केवलप्रारंभिकदबावऔरतापमान

(D। उपरोक्त सभी

60. रीहीट फैक्टर का मान सामान्य रूप से भिन्न होता है

(ए) 0.5 से 0.6

(बी) 0.9 से 0.95

(सी) 1.02 से 1.06

(डी) 1.2 से 1.6

61. स्टीम टर्बाइन निम्नलिखित विधियों द्वारा शासित होते हैं:
(ए) थ्रॉटल गवर्निंग
(बी) नोजल कंट्रोल गवर्निंग
(सी) बाय-पास गवर्निंग
(डी) उपरोक्तसभी
62. स्टीम टर्बाइन में रीहीट फैक्टर
(ए) चरणोंकीसंख्यामेंवृद्धिकेसाथबढ़ताहै
(बी) चरणों की संख्या में वृद्धि के साथ घट जाती है
(सी) चरणों की संख्या के बावजूद समान रहता है
(डी) उपरोक्त में से कोई नहीं
63. बिना कंडेनसर वाले इंजन की तापीय दक्षता की तुलना में कंडेनसर, दिए गए दबाव और भाप के तापमान के लिए, है
(ए) उच्च
(बी) कम
(सी) जब तक प्रारंभिक दबाव और तापमान अपरिवर्तित रहता है
(डी) उपरोक्त में से कोई नहीं
64. जेट प्रकार के कंडेनसर में
(ए) ठंडा पानी ट्यूबों से होकर गुजरता है और भाप उन्हें घेर लेती है
(बी) भाप ट्यूबों से गुजरती है और ठंडा पानी उन्हें घेर लेता है
(सी) भापऔरठंडापानीमिश्रण
(डी) भाप और ठंडा पानी मिश्रण नहीं करते
65. एक खोल और ट्यूब सतह कंडेनसर में
(ए) कंडेनसेट देने के लिए भाप और ठंडा पानी मिश्रण
(बी) ठंडापानीट्यूबोंसेहोकरगुजरताहैऔरभापउन्हेंघेरलेतीहै
(सी) भाप शीतलन ट्यूबों से गुजरती है और ठंडा पानी उन्हें घेर लेता है
(डी) उपरोक्त सभी स्थिति के साथ बदलते हैं
66. एक सतह संघनित्र में यदि वायु को हटा दिया जाता है, तो होता है
(ए) कंडेनसरमेंबनाएगएपूर्णदबावमेंगिरावट
(बी) संघनित्र में बनाए रखा निरपेक्ष दबाव में वृद्धि
(सी) कंडेनसर में पूर्ण दबाव में कोई बदलाव नहीं
(डी) संघनित भाप के तापमान में वृद्धि
67. सतह कंडेनसर में शीतलन खंड
(ए) हवा के साथ निकाले गए वाष्प की मात्रा को बढ़ाता है
(बी) हवाकेसाथनिकालेगएवाष्पकीमात्राकोकमकरदेताहै

(सी) निकाले गए वाष्प मात्रा को प्रभावित नहीं करता है लेकिन हवा की पंप क्षमता को कम करता है

निष्कर्षण पंप

(डी) उपरोक्त में से कोई नहीं

68. एडवर्ड का वायु पंप

(ए) कंडेनसर से हवा और वाष्प भी हटा देता है

(बी) कंडेनसर से केवल हवा निकालता है

(सी) संघनित्र से केवल गैर-संघनित वाष्प को हटाता है

(डी) वाष्पकेसाथहवाऔरकंडेनसरसेसंघनितपानीभीहटादेताहै

69. स्टीम पावर प्लांट में कंडेनसर का कार्य होता है

(ए) से काम उत्पादन बढ़ाने के लिए वायुमंडलीय के नीचे दबाव बनाए रखने के लिए मुख्य प्रस्तावकर्ता

(बी) स्टीम प्राइम मूवर से बड़ी मात्रा में भाप प्राप्त करने के लिए

(सी) भाप की बड़ी मात्रा को पानी में संघनित करने के लिए जिसे बॉयलर में फिर से इस्तेमाल किया जा सकता है

(डी) उपरोक्तसभी

70. एक पुनर्योजी सतह संघनित्र में

(ए) हवा निकालने और घनीभूत करने के लिए एक पंप है

(बी) हवानिकालनेऔरघनीभूतकरनेकेलिएदोपंपहैं

(सी) हवा, वाष्प और कंडेनसेट को हटाने के लिए तीन पंप हैं

(डी) कोई पंप नहीं है, घनत्व गुरुत्वाकर्षण द्वारा हटा दिया जाता है

71. बाष्पीकरणीय प्रकार का संघनित्र है

(ए) पानीसेघिरेपाइपमेंभाप

(बी) भाप से घिरे पाइप में पानी

(सी) या तो (ए) या (बी)

(डी) उपरोक्त में से कोई नहीं

72. भाप ले जाने वाले पाइप आमतौर पर बने होते हैं

(ए) स्टील

(बी) कच्चा लोहा

(सी) तांबा

(डी) एल्यूमीनियम

73. स्टीम बॉयलर की सुरक्षा के लिए फिट किए गए सुरक्षा वाल्वों की संख्या है:

(ए) चार

(बी) तीन

(सी) दो

(किया हुआ

74. स्टीम पावर स्टेशन में आमतौर पर इस्तेमाल होने वाले स्टीम टर्बाइन हैं:

(ए) संघनकप्रकार

(बी) गैर-संघनक प्रकार

(सी) उपरोक्त में से कोई नहीं

75. बेल्ट कन्वेयर का उपयोग कोयले को तक के झुकाव पर परिवहन के लिए किया जा सकता है

(ए) 30 डिग्री

(बी) 60 डिग्री

(सी) 80 डिग्री

(डी) 90 डिग्री

76. स्क्रू कन्वेयर की अधिकतम लंबाई लगभग है

(ए) 30 मीटर

(बी) 40 मीटर

(सी) 60 मीटर

(डी) 100 मीटर

77. कोयले और गर्मी वसूली उपकरण का उपयोग करने वाले आधुनिक बॉयलर की दक्षता है

के बारे में

(ए) 25 से 30%

(बी) 40 से 50%

(सी) 65 से 70%

(डी) 85 से 90%

78. भारतीय कोयले में राख की औसत मात्रा लगभग है

(ए) 5%

(बी) 10%

(सी) 15%

(डी) 20%

79. एक पावर स्टेशन में लोड सेंटर है

(ए) कोयला क्षेत्रों का केंद्र

(बी) उपकरणों के अधिकतम भार का केंद्र

(सी) विद्युतप्रणालीकेगुरुत्वाकर्षणकाकेंद्र

80. स्टीम पावर स्टेशन में भाप का दबाव, जिसे आमतौर पर आजकल रखा जाता है?

के आदेश के

(ए) 20 किग्रा/सेमी2

(बी) 50 किग्रा/सेमी2

(सी) 100 किग्रा/सेमी2

(डी) 150 किग्रा/सेमी2

81. अर्थशास्त्री बॉयलर दक्षता में सुधार करते हैं

(ए) 1 से 5%

(बी) 4 से 10%

(सी) 10 से 12%

82. बड़े टर्बो-जनरेटर की क्षमता भिन्न होती है

(ए) 20 से 100 मेगावाट

(बी) 50 से 300 मेगावाट

(सी) 70 से 400 मेगावाट

(डी) 100 से 650 मेगावाट

83. कोकिंग कोल वे हैं जो

(ए) पूरी तरह से जलना

(बी) स्वतंत्र रूप से जलाओ

(सी) राख नहीं बनाते हैं

(डी) कोककेगांठयाद्रव्यमानबनातेहैं

84. प्राथमिक वायु वह वायु है जिसका उपयोग किया जाता है

(ए) लौ की लंबाई कम करें

(बी) लौ की लंबाई बढ़ाएं

(सी) कोयलेकापरिवहनऔरसूखा

(डी) इष्टतम दहन प्राप्त करने के लिए बर्नर के चारों ओर हवा प्रदान करें

85. द्वितीयक वायु वह वायु है जिसका उपयोग के लिए किया जाता है

(ए) लौ की लंबाई कम करें

(बी) लौ की लंबाई बढ़ाएं

(सी) कोयले का परिवहन और सूखा

(डी) इष्टतमदहनप्राप्तकरनेकेलिएबर्नरकेचारोंओरहवाप्रदानकरें

86. कोयला तैयार करने वाले संयंत्र में, चुंबकीय विभाजकों को हटाने के लिए उपयोग किया जाता है

(ए) धूल

(बी) क्लिंकर

(सी) लौहकण

(डी) रेत

88. छोटी बिजली के लिए कोयले को उतारने के लिए आमतौर पर इस्तेमाल की जाने वाली विधि

पौधा है

(ए) लिफ्ट ट्रक

(बी) कोयलात्वरक

(सी) टावर क्रेन

(डी) बेल्ट कन्वेयर

89. बकेट एलिवेटर का प्रयोग किसके लिए किया जाता है?

(ए) क्षैतिज दिशा में कोयला ले जाना

(बी) ऊर्ध्वाधरदिशामेंकोयलालेजाना

(सी) किसी भी दिशा में कोयला ले जाना

90. पूर्ण दहन के लिए आपूर्ति की जाने वाली हवा की मात्रा कहलाती है

(ए) प्राथमिक वायु

(बी) माध्यमिकवायु

(सी) तृतीयक वायु

91. _______ प्रणाली में एक केंद्रीय चूर्णन इकाई से एक बंकर में ईंधन पहुंचाया जाता है और फिर विभिन्न बर्नर के लिए

(एक इकाई

(बी) केंद्रीय

(सी) उपरोक्त में से कोई नहीं

92. अंडर-फीड स्टोकर वाष्पशील पदार्थ में उच्च ________ कोयले के लिए सबसे अच्छा काम करते हैं और

पकाने की प्रवृत्ति के साथ

(ए) एन्थ्रेसाइट

(बी) लिग्नाइट

(सी) अर्धबिटुमिनसऔरबिटुमिनस

93. ओवरफीड टाइप स्टोकर का उदाहरण है

(ए) चेन ग्रेट

(बी) स्प्रेडर

(सी) यात्रा ग्रेट

(डी) उपरोक्तसभी

94. जहां बिना चूर्णित कोयले का उपयोग किया जाना है और बॉयलर की क्षमता बड़ी है, स्टोकर

जिसका उपयोग किया जाता है

(ए) अंडरफीड स्टोकर

(बी) ओवरफीडस्टोकर

(सी) कोई भी

96. बॉयलर के पानी को नीचे गिराने की प्रक्रिया है

(ए) बॉयलर के दबाव को कम करने के लिए

(बी) भाप तापमान बढ़ाने के लिए

(सी) कुछकोहटाकरबॉयलरपानीमेंठोसएकाग्रताकोनियंत्रितकरनेकेलिए केंद्रितखारापानी

(डी) उपरोक्त में से कोई नहीं

97. डिएरेटिव हीटिंग किया जाता है

(ए) पानी गर्म करें

(बी) पानी में हवा को गर्म करें

(सी) पानीमेंभंगगैसोंकोहटादें

98. रीहीट फैक्टर का अनुपात है

(ए) आइसेंट्रोपिक हीट ड्रॉप उपयोगी हीट ड्रॉप के लिए

(बी) एडियाबेटिक हीट ड्रॉप टू आइसोट्रोपिक हीट ड्रॉप

(सी) कुलचरणोंकेलिएसंचयीवास्तविकथैलेपीड्रॉपआइसोट्रोपिकथैलेपीहै गर्मीकीबूंद

100. स्टीम टर्बाइन का कंपाउंडिंग किसके लिए किया जाता है

(ए) किए गए काम को कम करना

(बी) रोटर की गति बढ़ाना

(सी) रोटरकीगतिकोकमकरना

(डी) टरबाइन को संतुलित करना

1. निम्नलिखित में से किस प्रणाली द्वारा विद्युत शक्ति का संचार किया जा सकता है?

(ए) ओवरहेड सिस्टम

(बी) भूमिगत प्रणाली

(सी) दोनों (ए) और (बी)

(डी) उपरोक्त में से कोई नहीं

2 कंडक्टर हैं, जो उपभोक्ता के टर्मिनलों को वितरण से जोड़ते हैं

(ए) वितरक

(बी) सेवासाधन

(सी) फीडर

(डी) उपरोक्त में से कोई नहीं

3. भूमिगत प्रणाली को ऊपर संचालित नहीं किया जा सकता है

(ए) 440 वी

(बी) 11 केवी

(सी) 33 केवी

(डी) 66 केवी

4. ओवरहेड सिस्टम को तक के संचालन के लिए डिज़ाइन किया जा सकता है

(ए) 11 केवी

(बी) 33 केवी

(सी) 66 केवी

(डी) 400 केवी

5. यदि पूंजीगत परिव्यय पर ब्याज और मूल्यह्रास के कारण वार्षिक लागत का परिवर्तनीय हिस्सा कंडक्टरों में बर्बाद विद्युत ऊर्जा की वार्षिक लागत के बराबर है, तो कुल वार्षिक लागत न्यूनतम होगी और कंडक्टर का संबंधित आकार सबसे किफायती होगा। इस कथन को के रूप में जाना जाता है

(ए) केल्विनकाकानून

(बी) ओम का नियम

(सी) किरचॉफ कानून

(डी) फैराडे का कानून

6. क्रेओसाइट तेल या किसी परिरक्षक यौगिक के साथ अच्छी तरह से लगाए गए लकड़ी के खंभे में जीवन होता है

(ए) 2 से 5 साल तक

(बी) 10 से 15 साल

(सी) 25 से 30 साल

(डी) 60 से 70 वर्ष

7. विद्युत शक्ति के संचरण और वितरण के लिए निम्नलिखित में से कौन सी सामग्री का उपयोग नहीं किया जाता है?

(ए) कॉपर

(बी) एल्यूमिनियम

(सी) स्टील

(डी) टंगस्टन

8. जस्ती इस्पात तार आमतौर पर प्रयोग किया जाता है:

(ए) तार रहो

(बी) पृथ्वी तार

(सी) संरचनात्मक घटक

(डी) उपरोक्तसभी

9. आरसीसी ध्रुवों के साथ सामान्य स्पैन हैं

(ए) 40-50 मीटर

(बी) 60-100 मीटर

(सी) 80-100 मीटर

(डी) 300-500 मीटर

10. कोरोना निम्नलिखित में से किससे अत्यधिक प्रभावित होता है ?

(ए) कंडक्टर का आकार

(बी) कंडक्टर का आकार

(सी) कंडक्टर की सतह की स्थिति

(डी) उपरोक्तसभी

11. निम्नलिखित में से कौन से संचरण लाइनों के स्थिरांक हैं?

(ए) प्रतिरोध

(बी) अधिष्ठापन

(सी) समाई

(डी) उपरोक्तसभी

12. 310 किमी लाइन को माना जाता है

(ए) एकलंबीलाइन

(बी) एक मध्यम रेखा

(सी) एक छोटी लाइन

(डी) उपरोक्त में से कोई भी

13. खुले परिपथ के प्राप्त छोर पर वोल्टेज में घटना qf वृद्धि या हल्के ढंग से भरी हुई रेखा को कहा जाता है

(ए) सीबैक प्रभाव

(बी) फेरेंटीप्रभाव

(सी) रमन प्रभाव

(डी) उपरोक्त में से कोई नहीं

14. रेखा प्रतिबाधा और शंट प्रवेश के अनुपात का वर्गमूल कहलाता है

(ए) लाइनकीवृद्धिप्रतिबाधा

(बी) लाइन का संचालन

(सी) लाइन का विनियमन

(डी) उपरोक्त में से कोई नहीं

15. निम्नलिखित में से कौन 'स्थिर वोल्टेज संचरण प्रणाली' का दोष है?

(ए) <u>सिस्टमकेशॉर्ट-सर्किटकरंटमेंवृद्धि</u>

(बी) लाइन टर्मिनलों पर सभी भारों पर स्थिर वोल्टेज की उपलब्धता

(सी) उच्च टर्मिनल अभिकारकों के संभावित उपयोग के कारण लाइन के लिए बेहतर सुरक्षा की संभावना

(डी) मध्यम और भारी भार के समय पावर फैक्टर में सुधार

(ई) लंबी दूरी की भारी बिजली संचरण के मामले में दिए गए कंडक्टर आकार के लिए बढ़ी हुई शक्ति ले जाने की संभावना

17. उच्च वोल्टेज केबल्स का ऑपरेटिंग वोल्टेज तक है

(ए) एल.एलकेवी

(बी) 3.3 केवी

(सी) 6.6 केवी

(डी) <u>एलएलकेवी</u>

18. सुपरटेंशन केबल्स का ऑपरेटिंग वोल्टेज तक है

(ए) 3.3 केवी

(बी) 6.6 केवी

(सी) 11 केवी

(डी) <u>33 केवी</u>

19. अतिरिक्त उच्च तनाव केबल्स का ऑपरेटिंग वोल्टेज . तक है

(ए) 6.6 केवी

(बी) 11 केवी

(सी) 33 केवी

(डी) <u>66 केवी</u>

20. भूमिगत केबल बिछाने के लिए निम्नलिखित में से किस विधि का उपयोग किया जाता है?

(ए) सीधे बिछाने

(बी) ड्रा-इन-सिस्टम

(सी) ठोस प्रणाली

(डी) <u>उपरोक्तसभी</u>

22. निम्नलिखित में से किस कारण से केबलों को बहुत अधिक गर्म नहीं संचालित करना चाहिए?

(ए) तेल अपनी चिपचिपाहट खो सकता है और यह उच्च स्तर से बाहर निकलना शुरू कर सकता है

(बी) तेल के विस्तार से म्यान फट सकता है

(सी) असमान विस्तार इन्सुलेशन में रिक्तियां पैदा कर सकता है जिससे आयनीकरण हो जाएगा

(D। उपरोक्त सभी

23. निम्नलिखित में से कौन सी डीसी वितरण प्रणाली पहली लागत में सबसे सरल और सबसे कम है?

(ए) रेडियलसिस्टम

(बी) रिंग सिस्टम

(सी) इंटर-कनेक्टेड सिस्टम

(डी) उपरोक्त में से कोई नहीं

24. एक बूस्टर है a

(ए) श्रृंखलाघावजनरेटर

(बी) शंट घाव जनरेटर

(सी) तुल्यकालिक जनरेटर

(डी) उपरोक्त में से कोई नहीं

25. परीक्षण और त्रुटि की एक विधि के अलावा, इंटरकनेक्टेड सिस्टम में नेटवर्क समस्याओं के समाधान के लिए निम्नलिखित में से कौन सी विधि कार्यरत है?

(ए) वर्तमान विधि परिसंचारी

(बी) थेवेनिन की प्रमेय

(सी) धाराओं का सुपरपोजिशन

(डी) उपरोक्तसभी

28. आवासीय उपभोक्ताओं को एकल चरण आपूर्ति का वोल्टेज है

(ए) 110 वी

(बी) 210 वी

(सी) 230 वी

(डी) 400 वी

29. भारत में अधिकांश उच्च वोल्टेज ट्रांसमिशन लाइनें हैं

(ए) भूमिगत

(बी) ओवरहेड

(सी) उपरोक्त में से कोई भी

(डी) उपरोक्त में से कोई नहीं

30. आवासीय क्षेत्रों के वितरक हैं

(ए) एकल चरण

(बी) तीन चरण तीन तार

(सी) तीनचरणचारतार

(डी) उपरोक्त में से कोई नहीं

32. उच्च वोल्टेज संचरण लाइनों का उपयोग करें

(ए) <u>निलंबनइन्सुलेटर</u>

(बी) पिन इन्सुलेटर

(सी) दोनों (ए) और (बी)

(डी) उपरोक्त में से कोई नहीं

33. मल्टीकोर केबल्स आमतौर पर उपयोग करते हैं

(ए) वर्ग कंडक्टर

(बी) परिपत्र कंडक्टर

(सी) आयताकार कंडक्टर

(डी) <u>सेक्टरकेआकारकेकंडक्टर</u>

34. भारत में वितरण लाइनें आमतौर पर उपयोग की जाती हैं

(ए) लकड़ी के खंभे

(बी) <u>आरसीसीध्रुव</u>

(सी) स्टील टावर्स

(डी) उपरोक्त में से कोई नहीं

35. उच्च वोल्टेज केबल्स में इन्सुलेशन के लिए आमतौर पर उपयोग की जाने वाली सामग्री है

(अगुवाई की

(बी) <u>कागज</u>

(सी) रबड़

(डी) उपरोक्त में से कोई नहीं

36. वितरक प्रणालियों पर भार आम तौर पर होता है

(संतुलित

(बी) <u>असंतुलित</u>

(सी) उपरोक्त में से कोई भी

(डी) उपरोक्त में से कोई नहीं

37. औद्योगिक भार का शक्ति कारक आम तौर पर होता है

(ए) एकता

(बी) <u>पिछड़ना</u>

(सी) अग्रणी

(डी) शून्य

38. ओवरहेड लाइनें आमतौर पर उपयोग करती हैं

(ए) तांबे के कंडक्टर

(बी) सभी एल्यूमीनियम कंडक्टर

(सी) एसीएसआरकंडक्टर

(डी) इनमें से कोई नहीं

39. ट्रांसमिशन लाइनों में क्रॉस-आर्म्स से बने होते हैं

(ए) तांबा

(बी) लकड़ी

(सी) आरसीसी

(डी) स्टील

40. उच्च वोल्टेज केबल्स के कवच के लिए आमतौर पर उपयोग की जाने वाली सामग्री है

(ए) एल्यूमीनियम

(बी) स्टील

(सी) पीतल

(डी) तांबा

42. भूमिगत केबलों के म्यान के लिए आमतौर पर उपयोग की जाने वाली सामग्री है

(ए) लीड

(बी) रबड़

(सी) तांबा

(डी) लोहा

43. जमीन और 220 केवी लाइन के बीच न्यूनतम निकासी लगभग . है

(ए) 4.3 एम

(बी) 5.5 एम

(सी) 7.0 एम

(डी) 10.5 एम

44. 220 केवी लाइन के फेज कंडक्टरों के बीच की दूरी लगभग बराबर है

(ए) 2 एम

(बी) 3.5 एम

(सी) 6 एम

(डी) 8.5 एम

45. बड़े औद्योगिक उपभोक्ताओं को विद्युत ऊर्जा की आपूर्ति की जाती है

(ए) 400 वी

(बी) 11 केवी

(सी) 66 केवी

(डी) 400 केवी

48. प्रेषित शक्ति वही रहती है, यदि डीसी 2-तार की आपूर्ति वोल्टेज फीडर 100 प्रतिशत बढ़ा, तांबे में बचत है

(ए) 25 प्रतिशत

(बी) 50 प्रतिशत

(सी) 75 प्रतिशत

(डी) 100 प्रतिशत

49. एक समान रूप से लोड किए गए डीसी वितरक को दोनों सिरों पर समान वोल्टेज के साथ खिलाया जाता है। केवल एक छोर पर खिलाए गए समान वितरक की तुलना में, मध्य बिंदु पर गिरावट है

(ए) एकचौथाई

(बी) एक तिहाई

(सी) आधा

(डी) दो बार

50. 2-तार डीसी वितरक की तुलना में, पृथ्वी पर समान अधिकतम वोल्टेज वाला 3-तार वितरक केवल उपयोग करता है

(ए) तांबेका 31.25 प्रतिशत

(बी) तांबे का 33.3 प्रतिशत

(सी) तांबे का 66.7 प्रतिशत

(डी) तांबे का 125 प्रतिशत

51. निम्नलिखित में से कौन सा आमतौर पर उत्पन्न वोल्टेज नहीं है?

(ए) 6.6 केवी

(बी) 8.8 केवी

(सी) 11 केवी

(डी) 13.2 केवी

52. एक ओवरहेड लाइन के लिए, उछाल प्रतिबाधा के रूप में लिया जाता है

(ए) 20-30 ओम

(बी) 70-80 ओम

(सी) 100-200 ओम

(डी) 500-1000 ओम

उत्तर: सी

53. कोरोना के कारण ओजोन की उपस्थिति हानिकारक है क्योंकि यह

(ए) पावर फैक्टर को कम करता है

(बी) सामग्री को खराब करता है

(सी) गंधदेताहै

(डी) जमीन पर ऊर्जा हस्तांतरण

54. एक फीडर, एक ट्रांसमिशन सिस्टम में, बिजली की आपूर्ति करता है

(ए) वितरक

(बी) उत्पादन स्टेशन

(सी) सेवा साधन

(D। उपरोक्त सभी

55. संचारित शक्ति अधिकतम होगी जब

(ए) कोरोना नुकसान न्यूनतम हैं

(बी) प्रतिक्रिया उच्च है

(सी) अंतवोल्टेजभेजनाअधिकहै

(डी) अंत वोल्टेज प्राप्त करना अधिक है

56. एक 3-चरण 4 तार प्रणाली आमतौर पर प्रयोग की जाती है

(ए) प्राथमिक संचरण

(बी) माध्यमिक संचरण

(सी) प्राथमिक वितरण

(डी) माध्यमिकवितरण

57. ओवरहेड ट्रांसमिशन लाइनों के लिए निम्नलिखित में से कौन सी सामग्री का उपयोग किया जाता है?

(ए) स्टील कोर्ड एल्यूमीनियम

(बी) जस्ती इस्पात

(सी) कैडमियम तांबा

(डी) उपरोक्तमेंसेकोईभी

58. निम्नलिखित में से कौन पोर्सिलेन इंसुलेटर बनाने के लिए एक घटक नहीं है?

(ए) क्वार्ट्ज

(बी) काओलिन

(सी) फेलस्पार

(डी) सिलिका

59. इस दौरान कोरोना होने की अधिक संभावना होती है

(ए) शुष्क मौसम

(बी) सर्दी

(सी) गर्मी गर्मी

(डी) आर्द्रमौसम

60. निम्नलिखित में से कौन सी रिले लंबी संचरण लाइनों पर प्रयोग की जाती है?

(ए) प्रतिबाधा रिले

(बी) <u>एमएचओकीरिले</u>

(सी) प्रतिक्रिया रिले

(डी) उपरोक्त में से कोई नहीं

61. स्टील कोर्ड कंडक्टरों में प्रयुक्त स्टील आमतौर पर होता है

(ए) मिश्र धातु इस्पात

(बी) स्टेनलेस स्टील

(सी) <u>हल्केस्टील</u>

(डी) उच्च गति स्टील

62. निम्नलिखित में से कौन सी वितरण प्रणाली अधिक विश्वसनीय है?

(ए) रेडियल सिस्टम

(बी) वृक्ष प्रणाली

(सी) <u>रिंगमुख्यप्रणाली</u>

(डी) सभी समान रूप से विश्वसनीय हैं

63. ट्रांसमिशन लाइनों के लिए लाइन सपोर्ट में निम्नलिखित में से कौन सी विशेषता होनी चाहिए?

(ए) कम लागत

(बी) उच्च यांत्रिक शक्ति

(सी) लंबा जीवन

(डी) <u>उपरोक्तसभी</u>

64. ll kV का ट्रांसमिशन वोल्टेज सामान्यतः तक की दूरी के लिए उपयोग किया जाता है

(ए) <u>20-25 किमी</u>

(बी) 40-50 किमी

(सी) 60-70 किमी

(डी) 80-100 किमी

65. निम्नलिखित में से कौन सा नियम सबसे अच्छा माना जाता है?

(ए) 50%

(बी) 20%

(सी) 10%

(डी) <u>2%</u>

66. त्वचा का प्रभाव के समानुपाती होता है

(ए) (कंडक्टर व्यास)

(बी) (कंडक्टर व्यास)

(सी) <u>(कंडक्टरव्यास)</u>

(डी) (कंडक्टर व्यास)

67. एक कंडक्टर, दो समर्थनों के बीच शिथिल होने के कारण, का रूप लेता है

(ए) अर्ध-सर्कल

(बी) त्रिकोण

(सी) अंडाकार

(डी) कैटेनरी

68. एसी.एसआर कंडक्टर में, एल्यूमीनियम और स्टील कंडक्टर के बीच इन्सुलेशन है

(ए) इंसुलिन

(बी) बिटुमेन

(सी) वार्निश

(डी) कोईइन्सुलेशनकीआवश्यकतानहींहै

69. निम्नलिखित में से किस बस-बार योजना की लागत सबसे कम है ?

(ए) रिंग बस-बार योजना

(बी) सिंगलबस-बारयोजना

(सी) ब्रेकर और एक आधा योजना

(डी) मुख्य और स्थानांतरण योजना

71. निम्नलिखित में से किस विधि से स्ट्रिंग दक्षता में सुधार किया जा सकता है?

(ए) गार्ड रिंग का उपयोग करना

(बी) इन्सुलेटर ग्रेडिंग

(सी) लंबी क्रॉस आर्म का उपयोग करना

(डी) उपरोक्तमेंसेकोईभी

72. एल्यूमीनियम कंडक्टरों में, स्टील कोर प्रदान किया जाता है

(ए) त्वचा प्रभाव के लिए क्षतिपूर्ति

(बी) निकटता प्रभाव को बेअसर करना

(सी) लाइन अधिष्ठापन कम करें

(डी) तन्यशक्तिमेंवृद्धि

73. निम्नलिखित में से किसके द्वारा बस-बार का मूल्यांकन किया जाता है?

(ए) केवल वर्तमान

(बी) वर्तमान और वोल्टेज

(सी) वर्तमान, वोल्टेज और आवृत्ति

(डी) वर्तमान, वोल्टेज, आवृत्तिऔरकमसमयवर्तमान

74. आइसोलेटर्स द्वारा एक सर्किट काट दिया जाता है जब

(ए) लाइन सक्रिय है

(बी) लाइनमेंकोईकरंटनहींहै

(सी) लाइन पूर्ण लोड पर है

(डी) सर्किट ब्रेकर खुला नहीं है

75. निम्नलिखित में से किस उपकरण के लिए वर्तमान रेटिंग आवश्यक नहीं है?

(ए) सर्किट ब्रेकर

(बी) आइसोलेटर्स

(सी) लोड ब्रेक स्विच

(डी) सर्किट ब्रेकर और लोड ब्रेक स्विच

76. एक सबस्टेशन में निम्नलिखित उपकरण स्थापित नहीं हैं

(ए) उत्तेजक

(बी) श्रृंखला कैपेसिटर

(सी) शंट रिएक्टर

(डी) वोल्टाट्रे ट्रांसफार्मर

77. जेकोरोना आमतौर पर तब होता है जब कंडक्टर के चारों ओर हवा में इलेक्ट्रोस्टैटिक तनाव से अधिक हो जाता है

(ए) 6.6 केवी (आरएमएस मूल्य) / सेमी

(बी) 11 केवी (आरएमएस मूल्य) / सेमी

(सी) 22 केवी (अधिकतम मूल्य) / सेमी

(डी) 30 केवी (अधिकतममूल्य) / सेमी

78. निरंतर वोल्टेज संचरण के लिए वोल्टेज ड्रॉप, स्थापित करके मुआवजा दिया जाता है

(ए) प्रेरक

(बी) कैपेसिटर

(सी) तुल्यकालिकमोटर्स

(डी) उपरोक्त सभी

(ई) उपरोक्त में से कोई नहीं

79. स्ट्रेन टाइप इंसुलेटर का उपयोग वहां किया जाता है जहां कंडक्टर होते हैं

(ए) मृत समाप्त

(बी) मध्यवर्ती एंकर टावरों पर

(सी) उपरोक्तमेंसेकोईभी

(डी) उपरोक्त में से कोई नहीं

80. कोरोना हानियों के कारण रेखा द्वारा खींची गई धारा है

(ए) गैर-साइनसॉइडल

(बी) साइनसोइडल

(सी) त्रिकोणीय

(डी) वर्ग

81. पिन प्रकार के इन्सुलेटर आमतौर पर वोल्टेज से अधिक के लिए उपयोग नहीं किए जाते हैं

(ए) 1 केवी

(बी) 11 केवी

(सी) 22 केवी

(डी) 33 केवी

82. एल्युमिनियम का विशिष्ट गुरुत्व होता है

(ए) 1.5

(बी) 2.7

(सी) 4.2

(डी) 7.8

83. 200 किमी की दूरी पर बिजली के संचरण के लिए, संचरण वोल्टेज होना चाहिए

(ए) 132 केवी

(बी) 66 केवी

(सी) 33 केवी

(डी) 11 केवी

84. एल्यूमीनियम के लिए, तांबे की तुलना में, निम्नलिखित सभी कारकों में उच्च मूल्य हैं:

(ए) विशिष्ट मात्रा

(बी) विद्युतचालकता

(सी) रैखिक विस्तार के गुणांक

(डी) एक ही क्रॉस-सेक्शन के लिए प्रति यूनिट लंबाई प्रतिरोध

85. वितरण फीडर में वोल्टेज को विनियमित करने के लिए निम्नलिखित में से कौन सा उपकरण सबसे किफायती होगा?

(ए) स्टेटिक कंडेनसर

(बी) तुल्यकालिक संघनित्र

(सी) ट्रांसफॉर्मर बदलना टैप करें

(डी) बूस्टरट्रांसफार्मर

86. एक नल बदलने वाले ट्रांसफार्मर में, टैपिंग प्रदान की जाती है

(ए) प्राथमिक घुमावदार

(बी) माध्यमिक घुमावदार

(सी) उच्चवोल्टेजघुमावदार

(डी) उपरोक्त में से कोई भी

87. लगातार वोल्टेज ट्रांसमिशन में निम्नलिखित नुकसान होते हैं:
(ए) एक ही विद्युत संचरण के लिए बड़े कंडक्टर क्षेत्र की आवश्यकता होती है
(बी) सिस्टमकाशॉर्ट-सर्किटकरंटबढ़जाताहै
(सी) उपरोक्त में से कोई भी
(डी) उपरोक्त में से कोई नहीं
88. निम्नलिखित में से किस कारक पर त्वचा का प्रभाव निर्भर करता है?
(ए) वर्तमान की आवृत्ति
(बी) कंडक्टर का आकार
(सी) कंडक्टर सामग्री की प्रतिरोधकता
(डी) उपरोक्तसभी
89. कोरोना के प्रभाव का पता लगाया जा सकता है
(ए) गंध से पता चला ओजोन की उपस्थिति
(बी) हिसिंग ध्वनि
(सी) नीले रंग की धुंधली चमकदार चमक
(डी) उपरोक्तसभी
90. 500 किमी की दूरी पर बिजली के संचरण के लिए, संचरण वोल्टेज सीमा में होना चाहिए
(ए) 150 से 220 केवी
(बी) 100 से 120 केवी
(सी) 60 से 100 केवी
(डी) 20 से 50 केवी
91. निम्नलिखित में से किस लाइन के विश्लेषण में शंट कैपेसिटेंस की उपेक्षा की जाती है?
(ए) लघुसंचरणलाइनें
(बी) मध्यम संचरण लाइनें
(सी) लंबी संचरण लाइनें
(डी) मध्यम और साथ ही लंबी संचरण लाइनें
92. जब दो स्टेशनों के बीच इंटरकनेक्टर में बड़ी प्रतिक्रिया होती है
(ए) वोल्टेज में उतार-चढ़ाव और शोर के साथ बिजली का हस्तांतरण होगा
(बी) सत्ता का हस्तांतरण कम से कम नुकसान के साथ होगा
(सी) स्टेशनोंकेबीचबड़ेकोणीयविस्थापनकेकारणस्टेशनकदमसेबाहरहोजाएंगे
(डी) उपरोक्त में से कोई नहीं
93. जेनरेटर के मामले में उत्पन्न वोल्टेज की आवृत्ति, द्वारा बढ़ाई जा सकती है
(ए) रिएक्टरों का उपयोग करना

(बी) भार बढ़ाना

(सी) राज्यपालकोसमायोजितकरना

(डी) टर्मिनल वोल्टेज को कम करना

(ई) उपरोक्त में से कोई नहीं

94. जब बस-बार से जुड़ा एक अल्टरनेटर बंद हो जाता है तो बस-बार वोल्टेज होगा

(गिरना

(बी) वृद्धि

(सी) अपरिवर्तितरहतेहैं

(डी) उपरोक्त में से कोई नहीं

95. दो परस्पर जुड़े स्टेशनों के बीच कोणीय विस्थापन मुख्यतः किसके कारण होता है?

(ए) दोनोंअल्टरनेटरोंकीआर्मेचरप्रतिक्रिया

(बी) इंटरकनेक्टर की प्रतिक्रिया

(सी) दोनों अल्टरनेटरों की तुल्यकालिक प्रतिक्रिया

(D। उपरोक्त सभी

96. इलेक्ट्रो-मैकेनिकल वोल्टेज रेगुलेटर आमतौर पर उपयोग किए जाते हैं

(ए) रिएक्टर

(बी) जनरेटर

(सी) ट्रांसफार्मर

(D। उपरोक्त सभी

97. लोड VAR आवश्यकता होने पर ट्रांसमिशन लाइनों पर श्रृंखला कैपेसिटर बहुत कम उपयोग होते हैं

(एक बड़ा

(बी) छोटा

(सी) उतार चढ़ाव

(डी) उपरोक्त में से कोई भी

98. चुंबकीय एम्पलीफायर प्रकार वोल्टेज नियामक में वोल्टेज विनियमन किसके द्वारा प्रभावित होता है

(ए) विद्युत चुम्बकीय प्रेरण

(बी) प्रतिरोध बदल रहा है

(सी) प्रतिक्रियाबदलरहाहै

(डी) परिवर्तनीय ट्रांसफार्मर

99. जब कोई कंडक्टर सतह पर कोर की तुलना में अधिक धारा प्रवाहित करता है, तो यह किसके कारण होता है?

(ए) पारगम्यता भिन्नता

(बी) कोरोना

(सी) <u>त्वचाप्रभाव</u>

(डी) असममित गलती

(ई) उपरोक्त में से कोई नहीं

100. आमतौर पर निम्नलिखित प्रणाली का उपयोग नहीं किया जाता है

(ए) <u>1-चरण 3 तार</u>

(बी) 1-चरण 4 तार

(सी) 3-चरण 3 तार

(डी) 3-चरण 4 तार

www.ingramcontent.com/pod-product-compliance
Ingram Content Group UK Ltd.
Pitfield, Milton Keynes, MK11 3LW, UK
UKHW021915190726
13853UKWH00002B/690

9 798888 697627